너를 어떻게 포기하겠느냐

너를 어떻게 포기하겠느냐

지은이 | 한기채
초판 발행 | 2021. 5. 12
등록번호 | 제1988-000080호
등록된 곳 | 서울특별시 용산구 서빙고로 65길 38
발행처 | 사단법인 두란노서원
영업부 | 2078-3352   FAX | 080-749-3705
출판부 | 2078-3331

책값은 뒤표지에 있습니다.
ISBN 978-89-531-4008-0 03230   Printed in Korea

독자의 의견을 기다립니다.
tpress@duranno.com   www.duranno.com

너를 어떻게
포기하겠느냐

요나 신드롬에 빠진
이 시대 그리스도인 구하기

한기채 지음

두란노

목차

4장

다시 현실의 자리로
니느웨로 가는 길 욘 3:1-3

5장

온전한 회개 앞에서
요나와 니느웨 사람 욘 3:4-10

6장

너를 어떻게 포기하겠느냐

박 넝쿨 아래에서 욘 4:5-11

요나야
돌아오라

요나서는 다른 예언서와 달리 예언적 선포보다 거의 전체가 자전적인 이야기를 담고 있습니다. 요나의 자기 폭로적 간증이 나오는데, 가히 최초의 '고백록' 또는 '참회록'이라고 볼 수 있습니다. 하나님의 은혜는 우리의 모든 죄를 사해 줄 수 있지만 죄를 고백할 책임까지 면제하지는 않습니다.

요나는 호세아와 대비되는데, 호세아는 사랑의 하나님을 반영하고 요나는 집안의 탕자를 반영합니다. 요나는 누가복음 15장에 나오는 두 아들 비유의 큰아들입니다. 그는 은혜로 시작하여 어느새 공로를 내세우는 사람이 되었습니다. 처음 되었다가 나중 될 사람입니다. 그래서 요나는 나의 이야기일 수밖에 없습니다.

하나님은 니느웨보다 이런 요나가 먼저 회개하기를 원하십니다. 그래서 니느웨 수십만 명의 회개보다 요나 한 사람의 회심이 더 큰 문제로 부각되어 있습니다. 사실상 한 도시의 회개보다 한 사람의 회개가 더 어렵습니다. 그래도 감사한 것은, 하나님은 무한히 크시면서도 한 사람을 포기하지 않으시고 무한한 관심을 가지고 찾아오시는 분이라는 사실입니다. 그 한 사람을 위하여 온 세상을 동원하십니다.

저는 하나님께 부르심은 받았지만 사역지는 제가 선택하려고 했습니다. 그렇다 보니 목회자로 부르심을 받았지만 세상적 성공을 향하여 가는 목사였습니다. 제가 미국 이민 목회에서 들어온 것도, 학교 교수 사역에서 나가지 않으려고 했던 것도 그런 이유에서였습니다. 부르심을 받은 니느웨의 현실과 가고 싶은 다시스의 환상 사이에서 많은 갈등을 했습니다. 하나님께 이끌림을 받는 삶이 아니라, 내가 주도적으로 사는 삶을 원했습니다.

한국 교회는 세상으로부터 배타적이고, 독선적이고, 무례하다고 비판을 받고 있습니다. 지금은 온 세상이 일어나서 교회와 신자에게 깨어 기도하라고 꾸짖는 형국입니다. 세상의 죄 때문에 신자가 고난을 받는 것이 아니라, 신자의 죄 때문에 세상이 고난을 받는 모습입니다. 나 같은 요나 한 사람의 불순종이 모든 사람을 위험에 빠트리고 있습니다.

어찌 된 일인지 요나서에서는 이방인과 생태계를 포함하여 모두 다 하나님께 순종하는데 유독 요나만 불순종하고 있습니다. 그러는 사이 요나는 선민의식, 영적 교만, 독점의식, 적개심, 비교의식, 영적 침체, 자기 연민에 빠져 있습니다.

우리 안에 만연한 이런 '요나 신드롬'(Jonah Syndrome)을 어떻게 치유받을 수 있을까요? 이제 다시 하나님께 돌아가야 합니다.

교단 총회장 사역을 감당하며 우리의 문제들을 더 깊이 들여다볼 수 있는 기회를 주신 하나님께 감사드립니다. 제가 문제였습니다. 요나서는 저를 비롯한 한국 교회 지도자, 그리고 교인들의 이야기입니다. 요나는 실재 인물이면서도 나를 가리키는 비유입니다.

중앙성결교회 여리고 특별새벽기도회에서 나눈 말씀을 서둘러 이렇게 내놓습니다. 원고 정리를 도와준 김

찬홍 목사님과 두란노서원을 비롯하여 수고하신 모든 분께 감사드립니다.

요나처럼 자신의 허물을 용기 있게 고백하고 자기 몫의 책임을 담당하는 하나님의 사람이 많아지면 좋겠습니다. 그래서 요나에게 감사합니다.

중앙성결교회 목사 서재에서

한기채

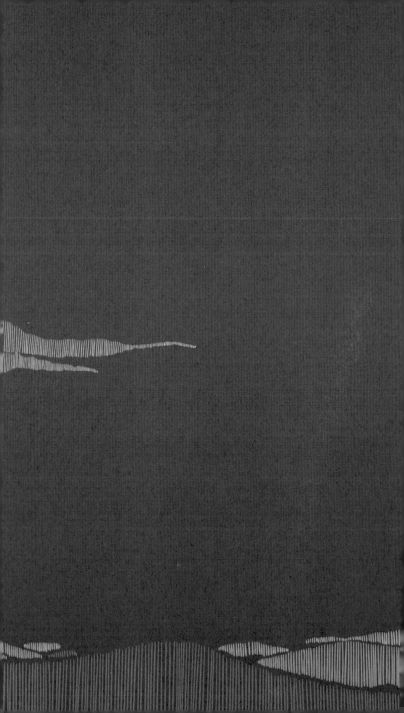

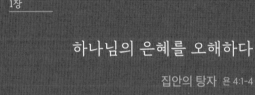

1장

하나님의 은혜를 오해하다

집안의 탕자 욘 4:1-4

자기중심적인 사명자

요나서는 주전 760년경 기록된 예언서이지만, 성경의 다른 예언서들과는 달리 예언적 선포보다는 선지자 요나의 자전적인 이야기를 담고 있는 책입니다. '요나의 복음' 또는 '요나의 참회록'입니다.

호세아서에도 자전적 이야기가 나오지만, 요나서와는 대조적입니다. 호세아서에 타락하고 배신한 인간을 향한 하나님의 사랑이 강조되어 있는 반면에, 요나서에는 하나님의 뜻에 반대하고 자신의 고집을 버리지 못하는 탕자와 같은 인간의 모습이 그려져 있습니다. 호세

아는 하나님을 반영하고, 요나는 탕자를 반영합니다.

선지자 요나는 이방 도시인 니느웨에 가서 그들을 회개시키라는 하나님의 명령을 따르지 않았습니다. 니느웨는 역사적으로 이스라엘을 괴롭혀 온 앗수르의 주요 도시 중 하나로, 요나가 활동하던 주전 8세기경에는 산헤립에 의해 수도로 지정되어 크게 번성했습니다. 이스라엘 민족에게는 원수와 다름없는 앗수르의 수도를 멸망의 위기에서 건져 내라는 하나님의 명령이 요나는 마음에 들지 않았습니다.

요나는 이방인을 위한 최초의 선지자이면서 당시 선민사상에 사로잡혀 있던 이스라엘의 교만과 배타성을 잘 보여 주는 상징적인 인물입니다. 이런 관점에서 요나서는 자기중심적인 민족주의자이자 편협한 선지자를 하나님이 어떻게 사용하셔서 이방 나라에 복음을 전하게 하셨는가를 우리에게 보여 주는 책입니다.

하나님의 강권하심으로 요나는 결국 억지로, 그리고 마지못해 니느웨로 가서 이방인들에게 복음을 전했습니다. 요나서는 선민사상에 사로잡혀 있는 이스라엘 중심의 구약 이야기 안에서 이방인까지 아우르는 하나님의 보편적 은혜를 깊이 드러낸 중요한 책이라 할 수 있습니다.

같은 소선지서인 오바댜서의 주제가 "모든 나라는 하나님께 속했다"라면, 요나서는 "구원은 오직 하나님께 속해 있다"는 것을 강조합니다. 인간의 기준으로는 이해하기 어려운 경우에도 하나님은 절대적 주권을 가지고 용서할 자를 용서하시며, 구원하고자 하는 자를 구원하십니다. 하나님의 자녀, 하나님의 사명자는 그러한 하나님의 절대적 주권과 은혜를 인정하고 그 뜻에 따라야 합니다.

하나님의 명령을 뒤로하고

여호와께 기도하여 이르되 여호와여 내가 고국에 있을 때에 이러하겠다고 말씀하지 아니하였나이까 그러므로 내

가 빨리 다시스로 도망하였사오니 주께서는 은혜로우시
며 자비로우시며 노하기를 더디 하시며 인애가 크시사 뜻
을 돌이켜 재앙을 내리지 아니하시는 하나님이신 줄을 내
가 알았음이니이다(4:2).

요나는 니느웨로 가라는 하나님의 명령을 피해 다시
스로 도망했습니다. 요나는 자신이 도망한 진짜 이유
를, "주께서는 은혜로우시며 자비로우시며 노하기를 더
디 하시며 인애가 크시사 뜻을 돌이켜 재앙을 내리지
아니하시는 하나님이신 줄" 알았기 때문이라고 말했습
니다.

요나는 하나님이 어떤 분이신지를 잘 알고 있었습니
다. 하나님은 사랑과 긍휼이 많으셔서 악하고 범죄한 니
느웨 사람들까지도 하나님 앞에 잘못을 뉘우치고 회개
하면 그들을 멸하려던 뜻을 돌이켜 용서하실 분입니다.

요나는 자신과 이스라엘도 그러한 은혜를 많이 받았
다는 사실을 잘 알고 있었습니다. 그런 하나님이 나에

게는 좋지만, 그들에게까지 은혜를 베푸시는 것은 싫은 것입니다. 요나는 자기 민족의 원수인 니느웨가 그러한 은혜를 받는 것을 좋아하지 않았습니다. 그들이 하나님의 진노를 피하는 것을 원치 않았습니다. 그것은 요나가 생각하는 정의가 아니었습니다.

바로 이 지점에서 하나님의 은혜의 원리와 요나의 정의의 원리가 충돌하고 있습니다. 마치 탕자의 비유(눅 15:11-32)에서 아버지의 은혜의 원리와 큰아들의 정의의 원리가 충돌하는 것과 같습니다.

하나님은 요나에게 "사십 일이 지나면 니느웨가 무너지리라"(3:4)라고 말씀하셨습니다. 니느웨가 멸망하기를 바라는 요나는 사랑의 하나님, 용서하시는 하나님을 잘 알기에 시간을 끌고자 도망을 갔습니다. 정확하게 말하면, 니느웨로 가는 것이 무서운 것이 아니라 그들이 회개하는 것이 무서웠던 것입니다. 자신이 하나님의 명령을 뒤로하고 잠적해 있는 동안에 그들이 멸망하기를 바랐습니다.

요나는 니느웨가 멸망하기를 간절히 바란 사람입니다. 그들에게 임할 심판에 대하여 40일만 침묵하면 그들이 회개할 기회를 잃으리라 생각했습니다. 그리고 그것이 세상의 정의라고 믿었습니다.

하나님은 온 우주를 창조하신 무한히 크신 분이지만, 한 사람에게 무한한 관심을 쏟아 주시는 분이기도 합니다. 실제로 요나서는 니느웨성 전체의 회개보다 요나 한 사람의 회심을 더 큰 문제로 다루고 있습니다. 하나님은 요나 한 사람을 위하여 다른 사람들, 바다의 풍랑, 큰 물고기, 박 넝쿨 등 온 세상을 동원하셨습니다.

요나서는 니느웨 도시 전체의 회개보다 요나 한 사람의 회심이 더 어렵다는 것을 보여 줍니다. 하나님은 한 사람의 변화를 위해 일하시고, 그 회개한 한 사람을 통하여 수십만 명을 구원하시는 분입니다. 하나님께 있어 천하보다 귀한 것이 한 영혼이기에, 하나님은 한 영혼에게서 세계를 보십니다.

사도행전 10장에는 이방인 백부장 고넬료의 회심 기

사가 나와 있습니다. 겉으로 보기에는 이방인인 고넬료의 회심과 그의 가정의 구원이 중심 사건인 듯하지만, 말씀의 초점은 사도 베드로의 변화에 있습니다. 하나님이 베드로를 고넬료의 가정에 보내시기까지 세 번의 환상과 하늘의 음성, 그리고 성령의 감동과 고넬료의 초청이 있었습니다.

사실 고넬료는 다른 전도자나 성령이 직접 감동하셔서 회심할 수도 있었습니다. 그러나 하나님이 이 사건에 베드로를 개입시키신 데는 유대인이자 예루살렘 교회의 수장인 베드로가 이 사건을 통하여 이방 선교에 대한 하나님의 뜻을 깨닫게 하시려는 하나님의 계획이 있었습니다. 베드로의 변화를 초대교회가 이방 선교에 본격적으로 나서는 계기로 삼으신 것입니다.

전체 4장, 48절로 이루어진 요나서는 평행구조인 두 부분으로 명확하게 나누어집니다. 전반부에는(1-2장) 요나의 불순종과 회개, 그리고 구원의 이야기를 중심으로 요나에 대한 하나님의 긍휼이 기록되어 있고(요나의 회생), 후반부에는(3-4장) 니느웨의 죄와 회개, 그리고 구원의 이야기로 니느웨를 향한 하나님의 긍휼이 똑같이 반복됩니다(니느웨의 회생).

한 개인의 깨달음과 회개를 통하여 또 다른 큰 민족의 구원이 이루어지는 모습을 볼 수 있습니다. 한 영혼의 부흥이 또 다른 민족의 부흥으로 연결됩니다. 이처럼 나 한 사람의 회개가 한국의 부흥으로 이어질 수 있습니다.

두 아들 이야기

누가복음 15장에는 우리가 잘 아는 두 아들과 아버지의 이야기가 나옵니다. 작은아들은 아버지의 재산 중 자신의 분깃을 미리 받아 먼 나라에 가서 허랑방탕하게 살며 탕진했습니다. 설상가상으로 그 나라에 큰 흉년까지 들어 더 이상 견디기 힘들게 된 그는 어쩔 수 없이 고향 아버지의 집으로 돌아왔습니다.

아버지와 가족들 앞에 설 면목이 없었던 그는 아버지가 자신을 집의 품꾼으로라도 삼아 주길 바랐습니다. 하지만 매일 작은아들을 기다렸던 아버지는 그에게 달려와 그를 맞아 주고, 제일 좋은 옷을 입히고, 손에 가락지를 끼우고, 발에 신을 신기고, 살진 송아지까지 잡아 잔치를 열었습니다.

돌아온 탕자에게는 가장 행복한 순간이었지만, 큰아들, 즉 동생이 아버지의 재산을 유흥과 쾌락에 탕진하는 동안에도 묵묵히 아버지의 곁을 지키며 열심히 일했던 형에게는 화가 나는 순간이었습니다. 형의 입장에서는 아버지의 재산을 탕진한 것도 모자라 이제 집으로 돌아와 자신의 몫이라고 생각한 아버지의 남은 재산까지 축내는 동생이 싫었을 것입니다.

그러나 그가 모르는 것이 있었습니다. 동생이 살았던 삶이 얼마나 비참한지, 자신이 아버지와 함께한 시간이 얼마나 복된지, 그리고 두 아들을 향한 아버지의 사랑이 얼마나 큰지를 몰랐습니다. 아버지는 아버지를 위해 일했다고 말하면서도 정작 아버지의 마음을 알아주지 않는 큰아들에게 이렇게 말했습니다.

얘 너는 항상 나와 함께 있으니 내 것이 다 네 것이로되 이 네 동생은 죽었다가 살아났으며 내가 잃었다가 얻었기로 우리가 즐거워하고 기뻐하는 것이 마땅하다(눅 15:31-32).

요나의 이야기는 이 두 아들의 이야기를 떠오르게 합니다. 요나서 처음 두 장(1-2장)에서 요나는 탕자인 동생처럼 아버지 하나님 앞에서 떠나가는 것처럼 보입니다. 그러나 다음 두 장(3-4장)에서는 아버지의 마음을 몰라주었던 형처럼 행동합니다. 일인이역입니다. 4장의 요나는 탕자의 비유 속 큰아들의 모습과 흡사합니다. 집안의 탕자입니다.

사실 큰아들과 같은 이들의 모습은 성경에서 많이 찾아볼 수 있습니다. 예수님이 "회칠한 무덤"(마 23:27)이라 비난하신 바리새인과 서기관들이 그랬습니다.

화 있을진저 외식하는 서기관들과 바리새인들이여 너희
는 천국 문을 사람들 앞에서 닫고 너희도 들어가지 않고
들어가려 하는 자도 들어가지 못하게 하는도다 … 너희는
교인 한 사람을 얻기 위하여 바다와 육지를 두루 다니다
가 생기면 너희보다 배나 더 지옥 자식이 되게 하는도다

(마 23:13-15).

바리새인과 서기관들은 탕자의 비유 속 형이 동생에
게 취한 태도처럼, 자신들의 거룩함과 의를 자랑하며
죄인과 이방인들을 경멸하고 정죄했습니다.

또한 마태복음 20장에 기록된 포도원 품꾼 비유에
나오는 먼저 온 품꾼들도 큰아들과 같은 모습의 인물
입니다. 이른 아침부터 나와 일했던 품꾼들은 자신들
보다 늦게 온 일꾼들, 심지어 일이 거의 끝날 무렵인
오후 5시에 일하러 온 일꾼들까지 자신들과 동일한 품
삯을 받은 것에 불만을 표시했습니다. 실제로 자신들
이 약속받은 품삯을 다 받았음에도, 늦게 온 이들이 자

신들과 같은 금액을 받는 것은 공정하지 않다고 생각한 것입니다.

그들의 원망을 들은 포도원 주인은 이렇게 대답합니다.

네 것이나 가지고 가라 나중 온 이 사람에게 너와 같이 주는 것이 내 뜻이니라 내 것을 가지고 내 뜻대로 할 것이 아니냐 내가 선하므로 네가 악하게 보느냐(마 20:14-15).

정도의 차이는 있지만, 그들은 다 자기들의 공로를 내세우고 있습니다. 은혜에 대해서는 모릅니다. 그들은 포도원 주인, 탕자의 아버지, 예수님, 그리고 하나님께 자신들이 옳다고 화를 냅니다. 은혜로 시작했다가 공로로 끝내는 자들입니다. 그러면 먼저 된 자로서 나중 됩니다(마 20:16).

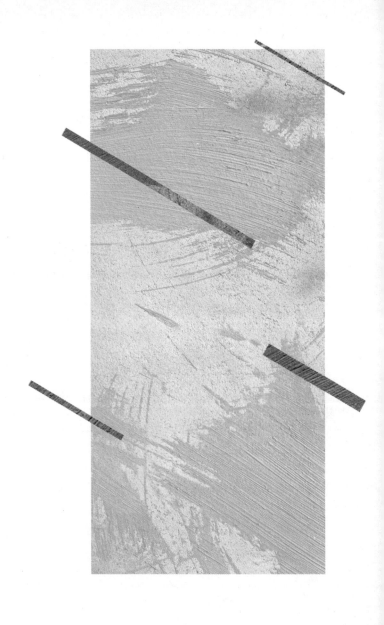

너무 의로운 자의 분노

요나의 자기중심적 정의는 하나님 앞에서 분노를 표출하는 데까지 이르렀습니다.

요나가 매우 싫어하고 성내며(4:1).

하나님이 명하신 일 때문에 선지자의 본분을 망각하고 하나님께 원망과 분노를 드러낸 것입니다. 더 나아가 요나는 하나님 앞에서 해서는 안 될 말까지 토해 놓았습니다.

이제 내 생명을 거두어 가소서 사는 것보다 죽는 것이 내게 나음이니이다(4:3).

자기 분에 못 이겨 생명을 주신 하나님께 자신의 생명을 거두어 주시기를 바란 것입니다. 이유는 단순합니다. 자기 뜻대로 결과가 나오지 않았다고, 자신이 옳다고 생각한 대로 되지 않았다고 그는 죽을 만큼 분노했습니다.

영화 "밀양"의 주인공 신애는 남편을 잃고 아들과 단둘이 어렵게 살아가는 과부입니다. 어느 날 그녀의 아들이 유괴되고, 끝내 목숨을 잃는 사건이 일어납니다. 괴로운 나날을 보내던 그녀는 신앙생활을 하면서 아들을 죽인 범인을 용서하기로 마음을 먹습니다.

그러나 범인을 용서하겠다고 찾아간 교도소에서 자신도 감옥에서 하나님을 만나 용서를 받고 마음이 편안해졌다는 범인의 말을 듣게 되자 신애는 분노합니다. 자신의 아들을 죽인 자가, 자신이 용서하지도 않았는데 누구에게, 어떻게 용서를 받고 편안히 살 수 있느냐며, 하나님은 어떻게 자신의 허락도 없이 그를 용서하실 수 있느냐고, 하나님께 배신감을 느끼며 원망합니다. 내가 용서하지 못한 이가 하나님께 용서받았다는 사실을 받아들일 수 없었던 것입니다. 요나의 분노는 영화 속 신애의 분노와 닮았습니다.

그러나 하나님은 요나의 분노 앞에 반문하셨습니다.

네가 성내는 것이 옳으냐(4:4).

요나의 모습은 오늘날 은혜 받은 자의 자리에서 시작
하여 스스로 공로자가 된 사람들의 모습을 상징합니다.
하나님을 위해, 하나님의 뜻을 따라 산다고 말하고 스
스로 영적인 공로를 쌓았다고 생각하며 교만해지고, 때
로는 자기 연민을 느끼며 다른 사람들을 판단하거나 시
기하는 이들이 있습니다.

요나의 마음에도 그러한 공로주의, 교만한 마음이 있
었는지 모릅니다. '하나님이 니느웨의 악인들을 용서하
시려면 적어도 나와는 상의하셨어야지'라는 마음이었
는지도 모릅니다.

실제로 요나처럼 자신의 삶과 생각 속에 하나님보다
더 중요한 것이 아직 남아 있는 신앙인들이 있습니다.
민족주의, 정치적 신념, 사업의 확장, 자녀의 성공, 명예

욕과 자존심, 누군가를 향한 복수심과 증오심 같은 것
들입니다.

하나님의 뜻보다도 자신에게 더 중요한 무엇인가가
존재하는 것은 아닌지 스스로 돌아보고 점검해야 합니
다. 아무리 자신에게 소중하고 세상의 절대적인 가치라
할지라도 하나님의 뜻보다 우선시되어서는 안 됩니다.
더군다나 요나는 하나님의 뜻을 실행하고 사람들에게 선
포해야 하는 선지자였습니다. 하나님의 자녀로 살아가
는 우리 모두도 요나와 같은 우를 범해서는 안 됩니다.

질투심으로 자신의 동생 아벨을 죽이며 하나님을 독
점하려던 가인처럼, 요나는 온 인류의 창조주이자 구원
주이신 하나님을 이스라엘의 하나님으로 독점하고자
했습니다. 이는 하나님의 우상화라고 볼 수 있습니다.

하나님은 가신이나 부족신이나 국가신이 아니십니
다. 이처럼 잘못된 신앙관이 분노, 절망, 불안을 낳습니
다. 그리고 시기심과 자기 연민에 빠지게 만듭니다. 탕
자의 형이 그러했던 것처럼, 하나님의 은혜와 사랑 앞

에서 함께 기뻐하지 못하게 만듭니다.

요나의 이야기는 오늘을 사는 우리의 이야기일 수 있습니다. 이것이 '요나 신드롬'입니다. 배고픈 것은 참아도 배 아픈 것은 못 참는 시기심입니다. 자기 의와 자만심에 빠져서 선민의식, 우월주의, 공로 사상을 내세웁니다. 영적 교만, 독점의식, 비교의식으로 다른 사람을 정죄하고, 다른 사람에 대해 적개심을 가지고, 하나님을 자기 뜻대로 조종하려고 하고, 자기 뜻대로 되지 않았다고 자기 연민과 영적 침체에 빠지는 것입니다. 한국 교회도 이런 배타적 독선적 무례함에서 빨리 벗어나야 합니다.

요나서는 기적 같은 이야기입니다. 니느웨의 회개를 죽기보다 싫어했던 전도자 요나의 성의 없는 말 한마디에 온 니느웨가 금식하며 굵은 베옷을 입고 회개하여 구원을 받은 기적 말입니다. 구원은 확실히 하나님께 속한 것입니다. 하나님은 어떠한 경우, 누구를 통해서라도 하나님의 일을 하십니다. 하나님은 가장 잔인한 민족 앗수르라도 회개시키실 수 있습니다.

니느웨는 분명 악하고 타락한 도시였습니다. 그러나 하나님 앞에서 먼저 회개했어야 하는 것은 니느웨보다 요나 자신이었습니다. 그러지 않으면 니느웨보다 요나가 먼저 심판을 받게 될 것입니다. 먼저 된 자가 나중 되는 것입니다.

사람들이 동서남북으로부터 와서 하나님의 나라 잔치에 참여하리니 보라 나중 된 자로서 먼저 될 자도 있고 먼저 된 자로서 나중 될 자도 있느니라(눅 13:29-30).

35

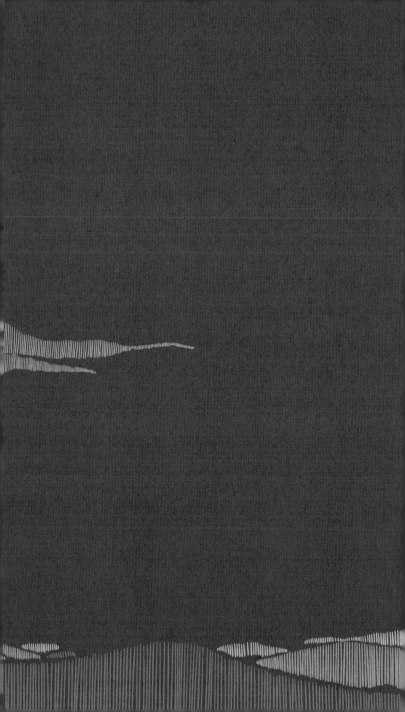

2장

하나님의 마음과 내 마음 사이에서

다시스로 가는 배 욘 1:3

"일어나", "가서", "외치라"

요나서는 크게 두 가지 길, 즉 요나가 하나님을 피해 다
시스로 달아나는 길과 하나님의 뜻을 따라 니느웨로 가
는 길로 구성되어 있습니다. 또한 이 둘은 각각 세 가
지 항목으로 이루어져 있습니다. 첫째, 요나를 향한 하
나님의 말씀, 둘째, 요나와 이방인의 만남, 셋째, 요나가
하나님께 드리는 말씀입니다.

너는 일어나 저 큰 성읍 니느웨로 가서 그것을 향하여 외
치라 그 악독이 내 앞에 상달되었음이니라(1:2).

사도행전 10장 4절에는 로마 백부장 고넬료의 '기도'와 '구제'가 하나님께 상달되어 기억되었다는 말씀이 나옵니다. 그 결과로 하나님은 베드로를 보내서서 고넬료와 그의 가족에게 말씀을 전하고 세례를 베풀어 구원에 이르게 하셨습니다.

고넬료는 그의 기도와 구제가 하나님께 상달되어 복을 받았습니다. 그런데 요나서는 니느웨의 악독이 하나님 앞에 상달되었다고 말합니다. 이처럼 선하고 의로운 행위와 삶뿐 아니라 죄와 악한 행실도 하나님께 상달된다는 사실을 기억해야 합니다. 죄와 악독에 대한 하나님의 응답은 심판의 말씀입니다.

요나를 향한 하나님의 명령에는 세 가지 행동 지향적 동사가 등장합니다.

"일어나", "가서", "외치라."

이는 하나님이 당신의 사명자에게 즉각적인 순종을 바라고 주신 간단명료한 명령입니다. 그러나 이 말씀을 들은 요나는 어떻게 반응했습니까?

하나님을 애써 외면하다

그러나 요나가 여호와의 얼굴을 피하려고 일어나 다시스
로 도망하려 하여 욥바로 내려갔더니 마침 다시스로 가는
배를 만난지라 여호와의 얼굴을 피하여 그들과 함께 다시
스로 가려고 뱃삯을 주고 배에 올랐더라(1:3).

"그러나." 요나가 보인 반응은 선지자답지 못했습니
다. 오늘날에도 하나님의 말씀을 듣고 바로 행동에 옮
기지 않고 '그러나'로 반응하는 사람들을 많이 볼 수 있
습니다. 하나님의 말씀에 조건과 핑계가 참 많습니다.

"말씀은 참 좋습니다. 저도 동의합니다. 그러나 형편
이 허락지 않네요."

"그러나 시간이 부족합니다."

"그러나 자존심이 상해서 못하겠습니다."

"그러나 제 능력이 부족해서 감당할 수 없습니다."

"그러나 정말 그렇게 하고 싶지 않습니다."

이처럼 부르심을 받았지만 부르심을 따라 살지 못하는 요나의 모습이 오늘날 신앙인들의 모습입니다. 하나님께로부터 자신이 듣고 싶은 말씀이 아니고, 자신이 하고 싶은 일이 아니고, 자신이 가고 싶지 않은 곳이라는 이유로 하나님의 말씀을 묵살해서는 안 됩니다. 하나님의 말씀이 이치와 상황에 맞지 않는다고 자신이 감히 판단하여 그 말씀을 거역하는 것은 하나님의 선하심에 대한 불신, 하나님의 능력에 대한 불신, 즉 믿음 없음과 다르지 않습니다.

하나님은 언제나 좋으신 하나님입니다. 하나님의 뜻은 언제나 선하시고 기뻐하시고 온전하신 뜻입니다(롬 12:2). 요나는 하나님이 자신에게 제일 좋은 것을 주시는 분임을 믿지 않았습니다.

인류의 첫 범죄자 아담과 하와도 하나님을 신뢰하지 못해 선악과를 따 먹는 죄를 범했습니다. 선악과를 먹지 말라는 하나님의 말씀은 그들을 위한 가장 좋은 길인데, 아담과 하와는 사탄인 뱀의 꾐에 빠져 하나님의 말씀보다 자신들에게 더 좋은 길이 있으리라 생각해 범죄를 저질렀습니다.

요나도 마찬가지였습니다. 하나님은 동쪽으로 가라고 말씀하셨는데, 반대로 서쪽으로 갔습니다. 니느웨의 반대 방향인 다시스로 도망한 것입니다. "인생은 속도보다 방향이 중요하다"는 말이 있습니다. 하지만 요나는 자신에게 가장 좋은 것을 주시는 하나님이 지시하신 방향과 정반대로 나아갔습니다. 육로로 가라고 하셨는데 배를 타고 도망을 갔습니다.

룻기 1장을 보면, 베들레헴에 거주하던 엘리멜렉이 유다 땅의 기근을 피해 아내 나오미와 두 아들을 데리고 모압 지방에 가서 살았다는 기록이 나옵니다. 그는 '풍족하게' 나갔습니다(룻 1:21). 아마 엘리멜렉은 동족들이 자신에게 도와 달라고 하는 것이 싫어서, 자기 가족만 살려고 모압으로 투자 이민을 떠난 것 같습니다.

그런데 모압 지방은 우상인 그모스신을 섬기는 이방 땅이었습니다. 약속의 땅이 아닙니다. 당시는 장소 신사상이 팽배한 시대였는데, 하나님에게서 그모스 우상에게로 나아간 것입니다. 엘리멜렉은 더 잘살기 위해 모압으로 갔지만, 결국 그 자신도, 두 아들도 모두 죽게 되었습니다. 모압에서 10년을 지내는 동안 죽고, 죽고, 또 죽었습니다.

방향이 잘못되면 아무리 노력해도, 아무리 견뎌도 소용이 없습니다. 하나님의 뜻과 반대로 가는 인생은 불행할 수밖에 없으며, 그 결과는 멸망일 뿐입니다. 돌아와야 합니다. 그 외에는 방법이 없습니다.

요나 1장 3절에는 '여호와의 얼굴을 피하려고'라는 표현이 두 번 반복되어 있습니다. 하나님을 믿는 사람이 하나님의 얼굴을 뵙고자 해야지, 어떻게 하나님의 얼굴을 피합니까? 하나님께 드리는 예배와 기도, 그리고 일상생활이 하나님 앞에 나가는 것인데 어떻게 한 시간이라도 피할 수 있습니까? 신앙생활을 하지 않는다는 말입니까? 이어지는 1장 10절에도 '여호와의 얼굴을 피함'이라는 표현이 나옵니다.

자기가 여호와의 얼굴을 피함인 줄을 그들에게 말하였으
므로.

자신이 하나님을 피할 수 있다고 생각한 것은 요나의
큰 착각이었습니다. 천지를 창조하신 하나님을 피할 수
있는 곳이 있을까요? 니느웨의 반대 방향인 다시스로
가면 하나님을 벗어나서 살 수 있습니까? 배 밑층에 내
려가서 누워 있으면 하나님의 눈을 피할 수 있습니까?

하나님은 전지전능하실 뿐 아니라 무소부재하신 분
입니다. 하나님의 얼굴을 피할 수 있는 방법은 없습니
다. 이를 잘 아는 시편 기자는 다음과 같이 노래했습
니다.

내가 주의 영을 떠나 어디로 가며 주의 앞에서 어디로 피
하리이까 내가 하늘에 올라갈지라도 거기 계시며 스올
에 내 자리를 펼지라도 거기 계시니이다 내가 새벽 날개
를 치며 바다 끝에 가서 거주할지라도 거기서도 주의 손

이 나를 인도하시며 주의 오른손이 나를 붙드시리이다(시 139:7-10).

하나님의 얼굴을 피할 수 없다는 사실은 믿는 자들에게는 복 중의 복입니다. 그러나 악한 자들에게는 두려움이 될 것입니다.

요나는 하나님의 부르심에 응답하고 순종해야 했습니다. 그러나 요나는 부르심을 받은 자로서 사명의 목적지를 자신이 결정하고자 했습니다. 오늘날 목회자들 중에도 하나님의 일꾼이라 하면서도 하나님이 보내시는 니느웨로 가는 것을 꺼리고, 자신이 가고 싶은 다시스로 가려고 애쓰는 이들이 있습니다.

"부름 받아 나선 이 몸 어디든지 가오리다"(새찬송가 323장)가 아니라 "부름 받아 나선 이 몸 다시스로 가오리다"라고 고쳐서 부르고 있는지도 모릅니다. 목회자로 하나님께 부르심 받은 것을 인정하면서도 사역할 장소와 사역의 종류를 선택할 수 있는 권한은 하나님이 아닌 자신에게 있다고 생각하는 것입니다.

다시스로 내려가는 인생

"마침 다시스로 가는 배를 만난지라." 요나는 처음에는 모든 것이 잘 맞아떨어진다고 생각했을지 모릅니다. 그때 '마침' 다시스로 가는 배를 만난 것은 참으로 행운처럼 보였습니다. 목적지 다시스까지 가는 길은 지브롤터 또는 스페인을 향하는 먼 항해 길이었습니다.

"그들과 함께." 요나는 욥바에서 다시스로 가는 배를 만나 그 배에 탄 사람들과 함께 다시스로 출발했습니다. 하나님의 사명자가 세상 사람들과 섞여 세상 사람들이 살아가는 인생 방향을 따라 나아가는 것입니다.

"뱃삯을 주고." 심지어 값비싼 비용을 지불하면서까지 세상의 삶에 편승했습니다. 그러나 그 길은 요나의 기대와 달리 행복과 성공의 길이 아니었습니다.

"내려갔더니." 이제부터 내리막 인생이 시작됩니다.

하나님의 말씀으로부터 떠나면 '내려가는' 것입니다. 실제로 요나는 다시스로 가기 위해 욥바로 내려갔고, 배로 내려갔고, 배 밑층으로 내려갔고, 나중에는 바닷속으로 던져져 내려갔고, 다시 큰 물고기 배 속으로 내려가 "스올[음부]의 배 속"(2:2)에까지 내려갔습니다. 더 이상 내려갈 데가 없는 곳까지 내려갔습니다.

하나님의 뜻에 불순종하는 인생은 이처럼 내려가는 삶입니다. "주를 앙모하는 자 '올라가 올라가'"(새찬송가 354장)가 아니고 "주를 등지고 '내려가 내려가'"입니다. 거듭되는 영적 퇴보이고, 그래도 멈추지 않으면 결국에는 지옥까지 내려가게 될 것입니다.

요나는 비싼 돈을 주고 배를 탔으니 물질을 낭비했고, 도중에 바다로 던져져 물고기 배 속까지 들어갔으니 생명도 낭비할 뻔했고, 그렇게 죽을 고비를 넘기며 고생했지만 다시 원점으로 돌아오게 되었으니 시간도 낭비했습니다.

아무리 애를 쓰고 발버둥 쳐도 하나님을 떠난 삶은

이토록 헛되고 허무한 것입니다. 가는 것이 가는 것이 아니며, 사는 것이 사는 것이 아닙니다. 하나님의 뜻을 따라 살지 않고 자기의 뜻대로 사는 사람, 사명의 자리에서 떠나 안일한 삶, 직무유기의 삶을 사는 사람, 순종이 아닌 불순종의 길을 걷는 사람, 하나님의 말씀이 아닌 자기의 얕은꾀를 따라 사는 사람, 이런 사람들 모두가 요나와 같이 다시스로 내려가는 사람들입니다.

영화 "매디슨 카운티의 다리"는 아이오와주 작은 마을에서 농부의 아내로 살아가는 프란체스카와 매디슨 카운티의 다리 사진을 찍기 위해 방문한 내셔널지오그래픽의 사진 기자 로버트의 만남과 헤어짐을 다룬 내용입니다.

영화 속 프란체스카는 운명처럼 만나 사랑하게 된 로버트를 따라 자신의 마을을 떠나야 하는지 크게 갈등합니다. 남편과 가정을 버리고 그와 함께 떠나는 길이 새로운 행복을 가져다주리라 생각한 것입니다. 그러나 결국 남편의 차에서 내려 로버트의 차로 옮겨 타지 못하고, 생을 마감할 때까지 추억과 후회 속에 살아간다는 이야기입니다.

유진 피터슨(Eugene H. Peterson)은 《성공주의 목회 신화를 포기하라》(좋은씨앗, 2002)에서 "나는 지난 29년 동안 세 번씩이나 욥바에 가서 다시스행 배표를 샀던 사람이다", "나는 다른 교회로 가려고 몇 번이나 이력서를 냈던 사람이다"라고 고백했습니다.

저는 목회자는 교회와 결혼하는 것이라 생각합니다. 어머니는 결혼생활이 힘들어 "몇 번이나 짐을 싸서 집을 나가려고 했다"는 말씀을 하신 적이 있습니다. 차마 자식들 때문에 나가지 못했다는 것입니다. 목회를 하다 보면 그런 심정이 드는 목회자들이 있을 것이라고 생각합니다.

담임 목회를 하고 있는 목회자들 중 상당수가 현재의 목회지를 떠나 다른 목회지로 옮기려는 생각을 합니다. 목회자로 부르심을 받았지만 세상적 성공을 향해 나아가는 목회입니다. 니느웨가 아닌 다시스를 꿈꾸는 것입니다. 아니, 다시스로 가지 못하고 니느웨에 살면서 생각으로는 다시스를 동경하며 삽니다. 이것은 아내와 결혼생활을 하면서도 생각으로는 다른 여자와 사는 것과 마찬가지입니다.

니느웨는 현실이고, 다시스는 환상입니다. 다시스는 니느웨보다 훨씬 더 흥미로운 도시입니다. 상상력을 자극하는 진기하고 화려한 물건들이 넘쳐 나는 미지의 세계입니다. 먼 곳에 있는 이상적인 항구 도시요, 흥미진진한 모험의 도시, 세상이 추구하는 이상향입니다. 열왕기상을 보면, 솔로몬의 배들이 다시스에 드나들었다고 기록되어 있습니다.

왕이 바다에 다시스 배들을 두어 히람의 배와 함께 있게 하고 그 다시스 배로 삼 년에 한 번씩 금과 은과 상아와 원숭이와 공작을 실어 왔음이더라(왕상 10:22).

다시스는 '행복', '성공', '풍요', '향락', '명예', '권력' 같은 단어들을 생각나게 합니다. 오늘날 우리에게 다시스가 상징하는 것은 개인의 발전을 위한 기회, 성공을 위한 세상과의 타협, 자본주의 시장 원리를 따르는 선택과 집중, 편리함과 물질만능주의 같은 것들입니다. 참으로 매력적이고 환상적입니다.

모세가 하나님의 십계명을 받기 위해 자리를 비운 사이에, 아론은 이스라엘 백성의 모든 욕망을 투영하여 금송아지를 만들고 그들로 그 앞에서 노래하며 춤추게 했습니다. 목회자들까지도 모세보다는 백성들의 환호를 받는 아론의 후계자가 되고 싶어 합니다. 이것은 자신이 만든 신, 자신이 만든 종교입니다. 멋진 교회 건물을 짓고, 수없이 많은 교인이 모이고, 대단한 명성을 얻는 성공적인 목회자가 되고 싶은 것입니다.

목회 소명을 점차 교회 사업으로 바꾸는 것입니다. 목회자에게는 직업적인 성공이 아니라, 목회적인 거룩함이 요구됩니다. 하나님이 주신 귀한 사명을 떠나 세상의 기준을 따라 살아서는 안 됩니다.

무능력을 일깨우는 풍랑

여호와께서 큰 바람을 바다 위에 내리시매 바다 가운데에
큰 폭풍이 일어나 배가 거의 깨지게 된지라(1:4).

여기서 '내리시다'라는 말은 창 같은 무기를 던질 때
주로 쓰이는 표현으로, 하나님의 진노가 얼마나 컸는지
를 보여 줍니다. 요나는 하나님을 피하고자 했으나 하
나님은 요나를 끝까지 추적하셨습니다. 하나님의 모습
이 큰 광풍으로 나타났고, 큰 폭풍이 요나를 추격했습
니다. 모든 죄에는 폭풍이 뒤따릅니다. 하나님의 명령
에 대한 요나의 불순종은 즉각적이고 극적인 결과로 나
타났습니다. 하나님 앞에 우리의 죄를 숨길 방법은 없
습니다.

너희 죄가 반드시 너희를 찾아낼 줄 알라(민 32:23).

이제 요나가 탄 배는 태풍 앞에 파선할 지경에 이르렀습니다. 인간은 도저히 극복할 수 없는 곤경에 처하면 신의 초월적 도움을 구하게 됩니다. 극심한 곤경 앞에 무신론자는 없다고 합니다.

모든 사람이 각자의 신에게 기도하고, 배를 가볍게 하기 위해 소중한 짐을 버리는 등 모든 수단을 동원했지만 아무런 소용이 없었습니다(1:5). 인간의 한계 상황에 다다른 것입니다.

이처럼 인간의 어떤 노력으로도 구원을 이룰 수 없는 상황이 있습니다. 폭풍과 고난은 우리의 무능력을 일깨워 줍니다. 폭풍이 없을 때는 볼 수 없었던 것들을 볼 수 있게 합니다. 폭풍 가운데 하나님의 말씀이 폭풍 소리보다 더 크게 들립니다(욥 38:1, 40:6). 그동안 잊고 있던 소중한 것들을 기억나게 해 줍니다. 우리가 잃어버린 믿음, 겸손, 기도를 다시 불러일으킨다는 점에서 고난도 때로는 은혜의 도구가 됩니다.

기도하는 이방인들 틈에서

다시스로 가는 배에 함께 타고 있던 이방인들뿐 아니라 나중에는 니느웨성의 앗수르인들까지도 요나보다 훌륭하게 처신하는 모습을 볼 수 있습니다. 요나와 이방인들의 모습을 비교해 보는 것은 오늘날 신자와 비신자의 관계를 규정하는 데 도움이 됩니다. 요나서의 하나님은 요나로 대표되는 하나님의 자녀들에게 다른 민족, 다른 믿음을 가진 사람을 어떻게 대해야 하는지를 가르쳐 주십니다.

요나는 배를 함께 타고 가면서도 그들에게 말씀을 전하려 하지 않았고, 그들을 믿음으로 이끌고자 하지도 않았습니다. 그저 배 밑층으로 내려가 곤히 잠이 들었을 뿐입니다. 요나는 그저 현실에서 도피하고 싶은 마음뿐이었을 것입니다.

사실 폭풍의 원인, 문제의 당사지는 요나입니다. 그러나 요나는 배 밑층에서 잠을 잤습니다. 문제를 해결하고자 함께 노력하지도 않았습니다. 자신의 불순종 때문에 사람들이 죽을 위기에 처해 있는데도 요나는 깊은 잠에 빠져 있었습니다. 문제를 풀 수 있는 열쇠를 가진 사람이 잠을 자고 있습니다.

오늘날도 마찬가지입니다. 세상은 멸망을 향하여 달려가고 있는데, 교회와 성도들은 깊이 잠들어 세상의 아우성을 듣지 못하고 있습니다. 교회와 성도들이 구원의 열쇠이며 거룩한 책임을 지고 있는데도 말입니다.

상황이 더욱 어려워지고 배가 난파할 지경에 이르렀을 때 그들은 요나를 흔들어 깨우며 "자는 자여 … 일어나서 네 하나님께 구하라"(1:6)라고 충고했습니다.

"일어나서[히. 쿰] … 구하라[히. 레]"(히. 쿰렉, 기도 좀 하라).

비신자가 신자에게 와서 잠을 깨우며 기도하라고 촉구한 것입니다. 세상이 교회를 꾸짖습니다. 어찌 보면 비신자들이 하나님을 더 신뢰하는 듯합니다. 이방인들이 하나님을 더 믿는 것 같습니다.

네 하나님께 구하라(1:6).

네가 어찌하여 그렇게 행하였느냐(1:10).

그 사람들이 여호와를 크게 두려워하여 여호와께 제물을 드리고 서원을 하였더라(1:16).

교회가 세상의 죄 때문에 고통을 당하기보다는 세상이 교회의 죄와 불순종으로 인해 고통을 당하고 있습니다. 배 안의 다른 사람들 때문에 요나가 고난을 당하는 것이 아닙니다.

예수님은 세상 죄 때문에 고난을 당하셨습니다. 그러나 요나의 불순종은 배 안의 모든 사람을 위험에 빠트렸습니다. 신자의 죄 때문에 세상이 고난을 받고 있습니다.

사람들은 하나님을 모르기에 우상들을 향해 기도했지만, 요나는 하나님을 알면서도 기도하지 않았습니다. 그들은 막연하게나마 이러한 재앙이 누군가의 죄 때문에 일어났을 것이라 생각했습니다. 사람은 본능적으로 고난을 당하면 자신을 돌아봅니다.

자 우리가 제비를 뽑아 이 재앙이 누구로 말미암아 우리
에게 임하였나 알아보자(1:7).

마치 선지자가 재앙 앞에 사람들을 일깨우는 메시지
를 전하는 것 같습니다. 요나가 전해야 할 메시지입니
다. 그런데 세상으로부터 그런 말을 듣고 있습니다.

오늘날도 세상과 교회는 한배를 타고 있습니다. 당하
는 모든 문제에 대한 열쇠는 교회가 가지고 있습니다.
교회와 성도는 모든 문제에 대한 무한 책임을 깨달아
야 합니다. 우리의 믿음은 교회 안에만 머물러 있어서
는 안 되고, 사회 공적 영역에서 증명되어야 합니다. 우
리 앞에 놓여 있는 현재의 문제는 우리의 신앙을 세상
앞에 소환하고 있는 것입니다. 우리를 통하여 하나님이
나타나셔야 합니다. 우리는 세상의 소금이요, 세상의
빛이어야 합니다.

풍랑 앞에서 자신을 던지다

잠에서 깨어난 요나는 이 모든 고난이 자신의 불순종으로 말미암았다는 사실을 자각하게 됩니다.

> 나를 들어 바다에 던지라 그리하면 바다가 너희를 위하여 잔잔하리라 너희가 이 큰 폭풍을 만난 것이 나 때문인 줄을 내가 아노라(1:12).

요나는 문제의 원인을 알고 있었습니다. 다른 이유가 아니라, 자기 자신이 배 안의 다른 사람들을 위험에 빠지게 한 것입니다. 하나님에게서 도망을 친 사람은 그들이 아니라, 요나 자신이었습니다. 그래도 풍랑 때문에 제정신을 차린 것입니다. 풍랑을 만나지 않았다면 영영 자신을 찾지 못했을지도 모르고, 잘못된 길로 계속 나아갔을 것입니다.

고난당한 것이 내게 유익이라 이로 말미암아 내가 주의

율례들을 배우게 되었나이다(시 119:71).

풍랑을 만난 것이 요나에게 유익이었습니다. 자신이
있어야 할 자리, 자신이 나아가야 할 방향을 자각한 요
나는 이제 "내 탓이요" 하며 책임감 있는 모습을 보입니
다. "나를 들어 바다에 던지라"고 말합니다.

요나의 이런 모습을 하나님 앞에서의 회개로 봐야 할
지, 자신이 책임을 지고 죽겠다는 결단으로 봐야 할지,
다른 사람들을 위한 고귀한 희생으로 봐야 할지, 각기
다른 해석이 가능할 것입니다.

그의 모습에서 소망을 찾아본다면, 그래도 요나가 자
기 자신을 하나님께 던졌다는 사실입니다. 불순종했고
죄를 지었지만 적어도 자신의 생사를, 자신의 운명을
하나님의 손에 맡겼습니다. 믿음은 자신을 하나님께 던
지는 것입니다.

요나서의 풍랑이 이는 바다 이야기는 사도행전 27장
에서 사도 바울이 만난 풍랑을 생각나게 합니다. 요나

와 바울 모두 지중해 서쪽으로 가다가 풍랑을 만났습니다. 풍랑 앞에서는 돈도, 귀한 짐들도, 높은 지위도, 많은 지식과 경험도 다 무용지물이었습니다.

그러나 두 사람은 여러모로 달랐습니다. 요나는 자의로 내려갔고, 바울은 타의에 의해 끌려가는 중이었습니다. 요나는 불순종의 길을 가는 중이었고, 바울은 소명을 따라 가는 중이었습니다. 바울을 압송해 가는 로마 군인들은 바울의 말을 듣지 않다가 풍랑을 만났고 바울에 의해, 정확히 말하면 바울이 믿는 하나님에 의해 모두 구원을 받았습니다. 그러나 요나가 탄 배에 있던 사람들은 요나만 빼고 다 구원받았습니다.

풍랑 이는 배에 있을 때 기도하지 않았던 요나와 달리 바울은 기도했습니다. 인생의 풍랑 앞에서 우리의 올바른 반응은 기도입니다. 그것이 하나님의 거룩한 부르심을 따르는 길입니다. 예수님도 풍랑 이는 배에서 일어나 기도하셨습니다(막 4:35-41). 오늘날 우리의 삶에서도 마찬가지입니다.

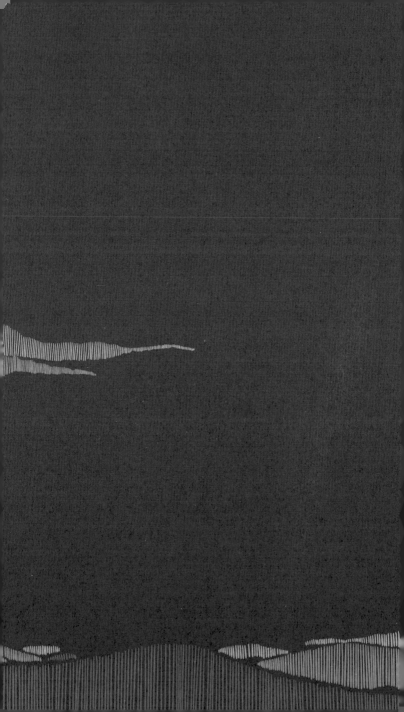

3장

풍랑이라는 은혜

물고기 배 속에서 욘 2:1-9

요나의 하나님을 찾다

다시스로 가는 배가 풍랑을 만났을 때 배 안의 선원과 이방인들은 기도했습니다. 그들이 요나보다 먼저 기도한 것입니다.

그러나 그들의 기도는 아무 소용이 없었습니다. 생명 없는 것, 능력 없는 것, 들을 수도 볼 수도 없는 것들이 어떻게 응답을 하겠습니까. 그들은 각자 자기들의 신을 부르며(1:5) 기도했지만 풍랑을 잠재우지 못했고 그들 자신을 구원할 수도 없었습니다. 기도하는 것 자체가 중요한 것이 아니라 누구에게 기도하느냐, 즉 기도

의 대상이 더 중요합니다. 배 안의 사람들은 결국 요나
에게 요청했습니다.

네 하나님께 구하라(1:6).

요나가 하나님의 얼굴을 피하여 배를 탔다는 말을 들
은 그들은 심히 두려워 "네가 어찌하여 그렇게 행하였
느냐"(1:10) 하며 요나를 책망했습니다. 자기들 같으면
그렇게 하지 않았을 것이라는 뜻이 들어 있습니다. 요
나를 원망하던 사람들은 급기야 요나를 대신하여 여호
와 하나님께 부르짖어 기도했습니다.

무리가 여호와께 부르짖어 이르되 여호와여 구하고 구하
오니 이 사람의 생명 때문에 우리를 멸망시키지 마옵소서
무죄한 피를 우리에게 돌리지 마옵소서 주 여호와께서는
주의 뜻대로 행하심이니이다 하고(1:14).

이런 이방인들의 모습은 요나의 태도와 대조를 이룹니다. 선원들이 풍랑의 원인이 요나 때문이라는 것을 알고도 요나의 생명을 존중하는 태도나 하나님께 부르짖어 구하는 기도는 이후 니느웨성의 회개만큼이나 충격적입니다. 아직까지도 요나가 기도했다는 말은 찾아볼 수 없습니다. 배 안에서나 나중에 니느웨성에서도 이방인들은 요나보다 더 훌륭하게 처신했습니다.

사람들이 마지막 수단으로 요나를 들어 바다에 던지자 즉각적으로 바다가 잔잔해졌습니다. 그러자 배에 타고 있던 이방인들은 새로운 종류의 두려움에 사로잡혔습니다. 하나님의 살아 계심과 역사하심을 실제로 보게 된 까닭이었습니다. 이로 인해 배에 타고 있던 이방인들이 회심했음을 암시하는 구절이 나옵니다.

그 사람들이 여호와를 크게 두려워하여 여호와께 제물을 드리고 서원을 하였더라(1:16).

마치 십자가 앞에서 예수님의 임종을 지켜보던 백부장이 "이는 진실로 하나님의 아들이었도다"(마 27:54)라고 고백한 것처럼, 그들도 하나님을 경험하고 고백하기에 이르렀습니다.

요나의 표적이 가리키는 것

예수님은 자신들에게 표적을 보여 달라고 요구한 서기관과 바리새인들에게 "선지자 요나의 표적밖에는 보일 표적이 없느니라"(마 12:39)라고 말씀하셨습니다. 예수님은 요나의 이야기가 단순한 비유나 설화가 아닌 역사적 사건임을 알고 계셨고, 십자가와 부활을 설명하는 좋은 수단이자 하나님의 권능을 잘 드러내는 표적 사건임을 알려 주셨습니다.

성금요일과 부활주일 사이의 토요일, 즉 예수님이 아리마대 요셉의 무덤 안에 계셨던 토요일의 시간은 예수님의 생애에서 알려지지 않은 시간입니다. 요나가 물고기 배 속에 있었던 시간은 예수님의 토요일에 해당하는 시간입니다.

요나가 밤낮 사흘 동안 큰 물고기 배 속에 있었던 것같이 인자도 밤낮 사흘 동안 땅속에 있으리라(마 12:40).

요나가 배에 탄 다른 사람들을 구하기 위해 희생양 역할을 한 것처럼, 예수님은 온 인류를 구원하기 위해 십자가에서 죽으셨습니다. 또한 요나가 사흘 동안 물고기 배 속에 있었던 것처럼, 주님도 십자가에서 죽으시고 사흘 동안 무덤에 계시게 될 것을 예언하신 것입니다.

예수님은 마지막 심판 때에 비록 이방인이지만 요나의 전도를 듣고 회개한 니느웨 사람들이 일어나 이 세대 사람을 정죄할 것이라고 말씀하셨습니다. 이는 "요나보다 더 큰 이"(마 12:41), 즉 예수님 자신이 하나님의 나라를 선포함에도 듣지 않고 회개하지 않는 서기관과 바리새인들을 포함한 그 시대의 악인들의 죄가 얼마나 큰지를 강하게 지적하신 것입니다.

이처럼 요나와 예수님이 연관되는 부분이 있다 해도, 요나와 예수님은 근본적으로 다르다는 점을 기억해야 합니다.

먼저, 요나는 자신의 죄 때문에 바다에 던져졌지만, 예수님은 죄가 없으신 분으로 인류의 죄를 대신하셨습니다. 요나는 하나님의 명령을 불순종하고 하나님의 얼굴을 피하여 다시스로 도망가다가 바다에 던져졌지만, 예수님은 인류 구원이라는 하나님의 뜻에 순종하여 하나님의 계획을 따라 십자가를 지셨습니다. 또한 요나는 죽을 뻔했지만, 예수님은 실제로 죽으셨습니다. 요나는 자신의 죄 때문에 죽을 뻔했고, 예수님은 다른 사람들의 죄를 대속하기 위해 죽으셨습니다.

자기 목숨을 많은 사람의 대속물로 주려 함이니라(막 10:45).

요나는 죽을 고비에서 회개의 기도를 하고 다시 시작할 기회를 얻었지만, 예수님은 하나님의 뜻을 따라 능력으로 부활하셔서 우리를 위한 부활의 증거이자 첫 열매가 되셨습니다. 이런 이유로 예수님은 '요나보다 더 큰 이'십니다. 예수님은 요나를 구원하신 주님이십니다.

고난의 바다에 던져졌을 때

여호와께서 이미 큰 물고기를 예비하사 요나를 삼키게 하셨으므로 요나가 밤낮 삼 일을 물고기 배 속에 있으니라 (1:17).

마침내 요나는 배 밖으로 던져졌습니다. 그는 떨어질 데까지 떨어졌습니다. 물에 빠져 죽을 수밖에 없었습니다. 그러나 익사하지 않았습니다. 하나님이 그를 받아 주셨기 때문입니다.

"이미", "큰 물고기를 예비하사." 요나가 물에 떨어지는 바로 그 순간, 그를 상처 없이 삼킬 수 있는 큰 물고기가 정확히 그 위치를 지나갈 확률이 얼마나 될까요? 이는 우연이 아닌 하나님의 섭리로 봐야 합니다. 믿음이 아닌 눈으로 보면 우연이고 행운일 수 있지만, 믿음으로 바라보면 모든 것이 하나님의 섭리요 은혜가 됩니다.

하나님을 피해 최대한 멀리 도망가려 한 요나였지만, 아무리 도망해도 하나님의 손안이었습니다. 하나님은 언제나 우리보다 먼저 가서 기다리십니다.

물고기 배 속은 잠금의 장소, 밀폐된 공간입니다. 감옥이나 동굴을 연상시킵니다. 어둡고 축축하고 악취가 진동하는 좁은 공간, 극한의 상황입니다. 하지만 동시에 요나에게 물고기 배 속은 자신을 돌아보고 성찰할 수 있는 영적 기회의 공간이었습니다. 영적 인큐베이터입니다.

우리에게도 조용히 골방에 들어가 하나님의 말씀을 묵상하고 기도하는 시간이 필요합니다. 꼭 골방이라는 물리적 공간이 아니더라도, 오늘날 현대인들에게는 혼자만의 시간이 필요합니다. 이것이 홀로 있음의 영성입니다.

물고기 배 속에서 사흘이라는 시간 동안 요나가 무엇을 할 수 있었을까요? 기도입니다. 아무것도 할 수 없을 때라도 기도는 할 수 있습니다. 가장 비참하고 처절한 순간에도 기도할 수 있습니다.

일의 효율을 따지는 사람은 기도가 아무것도 아니라고 생각할지 모릅니다. 그러나 기도는 모든 위대한 일의 시작이며 우리 인생의 핵심입니다. 기도하면 문제의 실마리가 풀리기 시작합니다. 기도로 일하는 법을 배우지 못하면 진정으로 일을 하지 못하는 것입니다. 기도할 때 하나님의 손이 움직입니다.

바울과 실라는 캄캄한 지하 감옥에 묶여 있었습니다. 발이 차꼬에 결박되어 있었지만 입은 열 수 있었습니다. 절망의 순간이었지만, 그들은 기도했습니다. 그들이 기도하자 놀랍게도 "큰 지진이 나서 옥터가 움직이고 문이 곧 다 열리며 모든 사람의 매인 것이 다 벗어"(행 16:26)지는 역사가 일어났습니다. 기도는 믿는 자의 능력이요 특권입니다. 기도할 때 하나님이 일하십니다.

요나가 바다에 던져졌지만, 그 바다는 죽음과 절망의 바다가 아니라 기도의 바다였습니다. 요나는 큰 물고기 배 속에서 3일 밤낮을 회개하며 부흥회를 했습니다. 만일 처음 하나님의 말씀을 받은 그때 요나가 기도했다면 물고기 배 속까지 이르지는 않았을 것입니다. 하지만 요나는 기도하지 않았고, 자신의 판단대로 행동했습니다. 그 결과로 큰 어려움을 당하고서야 기도했습니다.

우리도 결국 언젠가는 기도하게 될 것입니다. 그러나 먼저 기도로 준비하지 않으면 나중에 회개 기도를 해야 하는 상황에 처할 수 있습니다. 준비 기도를 하시겠습니까, 아니면 회개 기도를 하시겠습니까? 어차피 하나님의 손을 벗어날 수 없다면, 고난의 바다에 던져지기 전에 먼저 기도하는 것이 지혜입니다.

밑바닥에서 구하는 은혜

요나 2장에는 요나의 기도가 기록되어 있습니다. 요나 2장만을 떼어서 보면 시편과 매우 유사합니다. 그대로 시편에 옮겨 놓아도 이상하지 않을 정도로 시편의 언어와 형식을 그대로 가져와 기록한 것처럼 보입니다.

요나가 놓여 있는 절망적 상황을 생각할 때 요나의 기도는 시편의 기도 중에서도 슬픔의 노래나 탄식의 시가 되어야 하겠지만, 오히려 전형적인 감사 형식을 갖춘 감사 시이며 찬양 시입니다. 하나님께 받은 구원과 응답의 확신 없이는 이렇게 감사하고 찬양할 수 없습니다. 홍해 앞에서 춤추기입니다.

사실 이스라엘은 홍해 앞에서 춤추지 못했습니다. 홍해 앞에서 불평하고 불안해했습니다. 그러나 홍해를 기

적적으로 건너고 나서 뭍에 올라오자 미리암을 필두로
하여 춤을 추고 노래했습니다. 그들이 홍해를 건너기
전에 하나님의 구원하심을 확신하고 미리 감사하며 춤
을 추었다면 얼마나 좋았을까요.

그러나 요나는 이처럼 어려운 상황 속에서도 미리 감
사하는 기도를 드렸습니다. 요나의 기도는 선행 감사
기도이며, 하나님의 은혜로 좋은 결과가 있을 것을 믿
고 기대하는 믿음의 기도입니다.

요나의 불순종과 실수가 있었지만, 이러한 요나의 기
도는 그의 선지자다움을 보여 줍니다. 그 기도의 시간
이야말로 하나님 앞에서 가장 진실한 순간이라 할 수
있습니다. 모든 사람이 살아가며 실수도 하고 죄를 짓
기도 하지만, 하나님은 우리의 가장 진실한 순간들을
보시고 기억하십니다.

물고기 배 속의 요나의 기도는 얍복강을 건너기 전
천사와 씨름하던 야곱의 절실함을 떠오르게 합니다. 이
렇듯 진실한 기도의 시간과 자리는 하나님 앞에 기억되

는 은혜의 통로가 됩니다.

요나의 기도를 좀 더 자세히 살펴보겠습니다.

하나님 여호와께 기도하여 이르되(2:1-2).

먼저, 1-2절은 기도의 시작입니다. 그리고 10절은 기
도의 응답을 명확하게 보여 줍니다.

여호와께서 그 물고기에게 말씀하시매 요나를 육지에 토
하니라(2:10).

기도의 시작과 마지막입니다. 하나님이 요나의 기도
를 들으셨다는 증거가 드러납니다. 하나님의 뜻에 불순
종함으로 계속 내려가 가장 밑바닥에 처했던 요나이지
만, 기도하기 시작할 때 점점 올라가는 모습을 보게 됩
니다. '삼키다'에서 '토하다'로, '바다로 내려감'에서 '육
지로 올라옴'으로. 이는 기도를 통한 변화입니다. 기도

가 변곡점이 되어 '내려가'에서 '올라가'로 방향이 전환되었습니다.

기도하고 있습니까? 변화가 아직 눈에 보이지 않지만 수면 위로 올라가고 있음을 믿으십시오. 산의 뿌리에서 성전으로 말입니다.

기도 내용을 보면 요나는 자신이 받은 고난을 묘사하고 있습니다. 스올의 배 속, 즉 지옥까지 떨어졌으며(2:2), 주의 파도와 큰 물결이 넘쳤고(2:3), 산의 뿌리까지 내려갔으며(2:6), 절망의 구덩이에 빠진(2:6) 신세가 되었습니다.

요나가 이런 고난에 던져진 것은 그가 하나님의 얼굴을 피해 하나님의 뜻으로부터 도망친 결과였습니다.

내가 받는 고난으로 말미암아 여호와께 불러 아뢰었더니(2:2).

이제야 요나는 하나님을 '부릅니다'(히. 카라).

주께서 나를 깊음 속 바다 가운데에 던지셨으므로(2:3).

선원들이 자신을 던진 것이 아니라, 하나님이 하셨음을 인정했습니다. 그리고 하나님의 은혜에 기대어 다시 회복의 길을 바라보았습니다.

내가 주의 목전에서 쫓겨났을지라도 다시 주의 성전을 바라보겠다 하였나이다(2:4).

요나는 오직 하나님의 긍휼을 기대하며, 하나님의 거룩한 성전으로 돌아갈 수 있기를 바랐습니다. 여기서 반복되는 '성전'은 예배의 자리를 의미합니다.

내 영혼이 내 속에서 피곤할 때에 내가 여호와를 생각하였더니 내 기도가 주께 이르렀사오며 주의 성전에 미쳤나이다(2:7).

내 영혼이 '피곤하다'(히. 아타프)라는 말은 '기절하다', '실신하다'라는 뜻입니다. 아무것도 할 수 없는 상태입니다. 요나는 자신의 능력이나 현재 상황을 의지할 수 없는 상태였습니다. 오직 하나님의 긍휼을 기대할 수밖에 없었습니다. 오직 구원은 하나님께로부터만 옵니다.

나는 감사하는 목소리로 주께 제사를 드리며 나의 서원을 주께 갚겠나이다 구원은 여호와께 속하였나이다(2:9).

거짓되고 헛된 우상을 섬기는 자들은 은혜(히. 헤세드)를 잊어버리지만(2:8), 요나는 구원의 은혜를 잊지 않고 갚겠노라고 다짐했습니다.

일반적으로 사람들은 자신이 성공하고 높아졌을 때 은혜를 잊어버립니다. 비유하자면, 산의 꼭대기, 정점에서는 기억하지 못하다가 바다 깊은 곳, 산의 뿌리에 떨어져서야 그 은혜를 기억하게 되는 것입니다. 인생의 밑바닥에 이르면 하나님의 긍휼과 은혜를 구합니다.

그러나 고난과 괴로움의 바다를 벗어나 다시 높은 곳에 이르면 그때의 은혜를 잊어버리고 "내가 했다", "나의 공로다"라고 말합니다.

물고기 배 속에서는 은혜를 구했던 요나도 이후 4장에 가서는 니느웨에 은혜를 베푸시는 하나님 앞에서 화를 냅니다. 요나도 우리와 같은 사람입니다. 그럼에도 요나는 감사로 제사를 드리고 서원을 갚겠다고 다짐했습니다.

오래된 중세 도시 욥바의 아름다운 항구에 가면 커다란 고래상을 볼 수 있습니다. 많은 신앙인이 그 고래상을 보며 요나의 이야기를 떠올릴 것입니다. 인생의 밑바닥에서 하나님의 은혜를 구한 경험, 인생의 구덩이에서 하나님의 은혜로 건져 올려진 기억 말입니다. 우리도 하나님의 은혜를 잊지 않기 위해 노력해야 합니다. 구원은 전적으로 하나님의 일이며 하나님에게서만 온다는 것, 그것이 복음입니다. 구원은 우리의 노력과 실력으로 이룰 수 있는 것이 아닙니다.

다만 한 가지, 요나의 기도에는 위기에서 구원해 주신 하나님께 감사하는 내용은 있지만, 자신의 불순종에 대한 진정한 회개는 없습니다. 그래도 하나님은 요나를 구원하시고, 다시 한 번 기회를 주셨습니다. 이것이 은혜입니다.

그러나 회개의 결여가 결국 나중에 문제가 됩니다. 요나의 이런 부족한 모습을 통해 우리는 신앙의 단계를 배울 수 있습니다. 한 번의 은혜의 역사로 온전해지지 않습니다. 그러므로 우리는 계속해서 은혜를 받아야 합니다.

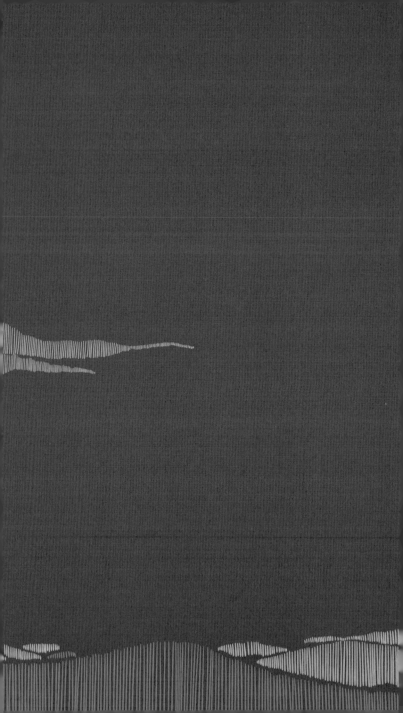

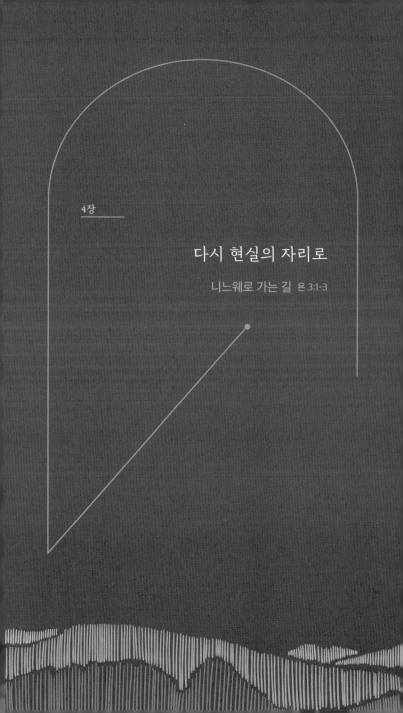

4장

다시 현실의 자리로

니느웨로 가는 길 욘 3:1-3

사명도 결국 현실이다

요나에게 다시스로 가는 뱃길이 이상향이었다면, 니느
웨로 가는 길은 현실이었습니다. 앞서도 언급했지만,
열왕기상 10장 22절을 보면, 솔로몬의 배들이 다시스에
서 3년에 한 번씩 금과 은과 상아와 원숭이와 공작을 실
어 왔다는 기록이 있습니다. 솔로몬의 배가 들어올 때
마다 눈이 부실 정도로 아름답고 신기한 것들이 가득한
광경을 보면서 누구나 다시스에 한 번쯤 가 보고 싶었
을 것입니다.

갈릴리 근방에 살던 요나가 항구 욥바에 내려가서 비

싼 뱃삯까지 지불하면서 다시스에 가려 한 데에는 그만
한 이유가 있었습니다. 당시 배는 가장 편리한 교통수
단이었습니다. 누워서 자거나 앉아 있기만 해도 목적
지까지 알아서 데려다 줍니다.

바다라고 하지만 갈릴리에서 고깃배를 타던 사람이
지중해를 건너 스페인까지 간다고 생각해 보십시오.
얼마나 가슴 설레는 여정입니까. 반면, 니느웨는 그 멀
고도 먼 길을 걸어서 가야 했습니다. 그것도 가고 싶지
않은데 억지로 가야 하는 길이었습니다.

가고 싶지 않은 곳에 가야만 했던 기억이 있습니까?
저는 어려서 어머니가 돈은 나중에 주겠다며 외상으로
머리를 깎고 오라고 하실때, 친척 집에 가서 며칠 동안
머물며 폐를 끼쳐야 할 때 정말 가기 싫었습니다. 지금
도 불편한 회의에 마지못해 참석해야 할 때, 가고 싶지
않은데 가야만 하는 상황이 있습니다.

저는 후배 목사들이 목회에 대한 조언을 구할 때 세
가지를 강조합니다. 첫째로, 교회가 위치한 지역사회의

특성을 잘 살피고 연구하여 그 필요를 채우기 위해 노력해야 합니다. 지역교회가 되어야 한다는 뜻입니다. 둘째로, 사역하는 교회의 전통, 즉 역사와 문화를 잘 이해해야 합니다. 무리하게 바꾸려고 해서는 안 되고, 먼저는 잘 적응하고 이어 가야 한다는 의미입니다. 셋째로, 자신에게 주어진 은사를 잘 알고 개발해야 합니다.

지역사회의 필요, 교회의 전통, 자신의 은사를 잘 조합하여 목회하라고 조언합니다. 그것이 하나님이 그곳에 보내신 섭리라고 믿습니다. 현재 목회하는 지역이나 교회의 전통을 무시하거나 불쾌하게 여기며 사역하는 것만큼 어리석은 일은 없습니다. 만약 그러한 불만과 불평을 가지고 목회하는 목사가 있다면, 그 목사의 설교와 목회에서는 실망과 분노가 드러날 것입니다. 성도들이 당장에 알아차리게 될 것입니다.

이끌림을 받는 삶

제게 다시스는 학교였습니다. 밴더빌트대학교에서 유학 중일 때도 공부에 집중하고 싶었지만 교회를 개척하여 사역하게 되었습니다. 제 의도와 달리 목회를 하게 되었는데, 공항에 성도들을 태우러 나가고, 이주해 오신 분들의 집을 구해 주고, 차가 없는 분들은 병원에 데려다주고, 통역을 해 주기도 하고, 아이들의 학교도 알아봐 주고, 가게도 봐 주는 등 이민 목회는 만만한 것이 아니었습니다.

고된 이민 목회를 하면서 마음은 항상 밀린 공부에 가 있었습니다. 때로는 '내가 뭘 하고 있는 건가?' 하고 스스로 질문하곤 했습니다. 시간을 낭비하고 있다는 생각도 했습니다. 유학을 왔으니 공부하고 논문을 써야하는데, 다른 친구들과 달리 목회에, 그것도 허드렛일처럼 보이는 사소한 일들에 시간을 빼앗기고 있다는 생각에 초조함도 느꼈습니다.

어쩌면 그때 저는 사소해 보이는 일보다 더 큰 일, 더 중요한 일, 더 환영받는 일, 더 영적인 일을 하고 싶다는 마음이 컸는지도 모릅니다. 그래서 저는 하나님께 "집 구해 주고, 직장 구해 주고, 학교 데려다주는 일이 목회입니까?"라고 질문하며 기도를 했습니다. 그런데 하나님이 "그게 목회다"라고 응답하셨습니다.

하나님은 베드로에게 "하나님께서 깨끗하게 하신 것을 네가 속되다 하지 말라"(행 10:15) 하셨는데, 저는 제 기준으로 더 귀한 일과 사소한 일을 나누고 있었습니다. 지금 와서 되돌아보니 이민 목회의 모든 사역이 하나님의 뜻이었고 귀한 일이었습니다. 그런데 그때는 잘 몰랐습니다.

공부를 마치고 귀국해서는 본래 목표대로 서울신학대학교 교수가 되었습니다. 그런데 얼마 지나지 않아 중앙성결교회 담임으로 청빙을 받았습니다. 저는 이민 목회를 할 때 목회의 어려움을 많이 알고 있었기 때문에 청빙을 받아들일 수가 없었습니다. 더구나 당시 저는 학문에 대한 열정과 교수의 자유로움을 만끽하고 있었습니다. 이제 안식년도 다가오고 있었습니다.

교회의 계속된 권유 때문에 하는 수 없이 산곡기도원
에 가서 일주일 동안 금식하며 기도를 했습니다. 저는
학교 사역에 대한 하나님의 재확신을 구했습니다. 그
때 하나님이 제게 주신 응답은 요한복음 21장 18절 말
씀입니다.

내가 진실로 진실로 네게 이르노니 네가 젊어서는 스스로
띠 띠고 원하는 곳으로 다녔거니와 늙어서는 네 팔을 벌
리리니 남이 네게 띠 띠우고 원하지 아니하는 곳으로 데
려가리라.

지금까지는 하나님의 일을 한다고 하면서도 내가 주
도적으로 원하는 것을 따라다녔지만, 이제는 이끌림을
받는 삶을 살아야 한다는 말씀이었습니다. 그날로 학교
로 돌아가 총장에게 교수직 사표를 내고 중앙성결교회
로 와서 지금 18년째 사역을 하고 있습니다.

제게 중앙성결교회는 니느웨였습니다. 중앙성결교회에서 목회를 하면서도 학교에서 보던 전공 서적과 연구 자료들을 버리지 못했습니다. 못다 한 공부와 연구에 대한 미련이 남아 있었고, 언젠가는 다시 돌아가야 할지 모른다는 막연한 생각을 했습니다.

10년의 시간이 지나고 나서야 어느 날 전공 서적을 한 번도 제대로 다시 본 적이 없었다는 사실을 알게 되었습니다. 그날 모든 전공 서적을 정리해 서울신학대학교 도서관에 기증했습니다. 그렇게 하고 나니 제 마음에 무거운 짐이 사라지는 것을 느꼈습니다. 말하자면, 제 목회에서 다시스의 흔적을 지우는 데 많은 시간이 걸린 것입니다. 이렇게 내려놓으면 홀가분한 것을 말입니다.

변화산에서 예수님의 영광스러운 모습을 본 베드로, 요한, 야고보는 주님과 모세와 엘리야를 위한 초막 셋을 짓고 그곳에 머물러 살기를 바랐습니다(마 17:4). 그러나 예수님은 제자들을 데리고 산에서 내려오셨습니다.

목회를 포함한 우리의 모든 사명은 공간과 시간의 제약을 받습니다. 한 곳을 택하면 다른 곳을 버려야 합니다. 한 길을 선택하여 걸으면 돌아와 다른 길을 걷기가 힘듭니다. 시간을 돌이킬 수도 없습니다. 목회도, 사명도 결국 현실입니다. 주어진 실존의 자리에서 일해야 합니다.

요나에게 니느웨는 함께하고 싶지 않은 사람들이 있고, 해야만 하는 일도 명확히 주어져 있는 곳이었습니다. 요나는 순종해야 한다는 마음으로 그곳을 향해 갔습니다. 여전히 내키지 않고 꺼려지는 길이었지만, 그래도 요나는 순종했습니다.

두 번째 은혜

여호와의 말씀이 두 번째로 요나에게 임하니라 이르시되 (3:1).

여기 '두 번째'라는 말씀이 은혜가 됩니다. 하나님이 요나에게 두 번째 기회를 주셨다는 의미입니다. 누구나 실패할 수 있습니다. 감사한 것은, 한 번의 실패로 모두 끝이 아니라는 것입니다.

성경 속 인물들 중에서도 단 한 번의 기회로 성공하고 사명을 이룬 경우는 찾아보기 힘듭니다. 이스라엘 민족의 출애굽을 이끈 지도자 모세도 올바른 일을 하려다 젊은 혈기로 사람을 죽이고 도망자 신세가 되어 무려 40년을 허비했습니다. 엘리야도, 다윗도, 베드로도, 바울도 하나님이 두 번째 기회를 주지 않으셨다면 실패자로 삶을 마쳤을지 모릅니다. 이처럼 하나님은 우리에게 두 번째 기회, 아니 필요하다면 세 번째, 네 번째, 계속해서 기회를 주시는 분입니다.

〈뉴욕 타임즈〉의 칼럼니스트인 데이비드 브룩스(David Brooks)의 책 《두 번째 산》(부키, 2020)에 나오는 이야기입니다.

사람들은 모두 인생의 첫 번째 산을 오릅니다. 첫 번

째 산은 자신의 성공을 위해서, 무언가 성취하기 위해서, 야망을 이루기 위해서 오르는 산입니다. 정상에 오르는 사람도 있지만, 끝까지 오르지 못하고 하산하거나 낙오되는 사람도 있습니다.

그러나 인생에는 첫 번째 산만 있는 것이 아닙니다. 두 번째 산이 있습니다. 첫 번째 산에 오르는 것보다 두 번째 산에 오르는 것이 더 중요하고 귀한 일입니다. 인생의 두 번째 산이란 부르심을 받아 삶의 의미를 추구하면서 사는 삶입니다.

첫 번째 산이 다시스를 향하는 배라면, 두 번째 산은 니느웨로 향하는 길입니다. 두 번째 산을 오르는 삶은 부르심에 순종하는 삶, 소명을 따라 사는 삶, 인생의 참 의미를 추구하는 삶입니다. 이러한 삶은 자신만을 위해 사는 삶이 아니라 이웃을 섬기고, 이웃에게 나누어 주고, 이웃에게 도움이 되는 보람 있는 삶입니다. 하나님은 이러한 삶을 살도록 우리를 부르셨습니다.

그러나 오늘날 많은 사람이 두 번째 산을 잊어버리고

첫 번째 산만을 바라보고, 그 산에 오르기 위해 모든 시간과 물질과 에너지를 쏟으며 살아갑니다. 인생에 올라야 할 두 번째 산이 있음을 깨닫고 그 가치를 알아보는 것이 복이요 지혜입니다. 이를 위해 하나님은 우리에게 두 번째 기회를 주십니다.

이제 요나는 두 번째 하나님의 말씀을 듣습니다. 이전에 들었던 말씀이지만, 다시 기회를 주시는 하나님의 은혜입니다. 다시 원점에서 시작하는 것입니다.

일어나 저 큰 성읍 니느웨로 가서 내가 네게 명한 바를 그들에게 선포하라(3:2).

"일어나", "가서", "선포하라"라는 1장 2절과 동일한 말씀입니다. 하지만 앞서 이 말씀에 대하여 '그러나'로 반응했던 요나가 이번에는 다릅니다.

요나가 여호와의 말씀대로 일어나서 니느웨로 가니라(3:3).

요나는 '말씀대로' 순종하여 니느웨를 향해 나아갔습니다. 동일한 말씀을 들어도 그 말씀을 어떻게 받아들이느냐에 따라 큰 차이가 나타납니다. 물고기 배 속에서 기도하며 자신을 성찰한 이후 요나의 태도, 하나님의 말씀에 반응하는 그의 자세는 달라졌습니다. 하나님은 그런 요나에게 니느웨성으로 가서 하나님의 말씀을 전하라고 다시 명령하셨습니다.

그런데 당시 요나 외에는 말씀을 전할 사람이 없었을까요? 하나님이 찾으시면 왜 없겠습니까? 그러면 싫다는 사람을 이렇게까지 강권해서 보내셔야 했을까요?

하나님의 명령은 하나님의 뜻만을 위한 것도, 멸망할 위기에 봉착한 니느웨성만을 위한 것도 아니었습니다. 하나님의 뜻에 순종해야 하는 요나를 위한 것이기도 했습니다. 그래서 다른 누구도 아닌 요나가 가야만 했습니다.

이를 통해 우리는 하나님의 섭리를 볼 수 있어야 합니다. 하나님은 요나를 사용하기 원하셨습니다. 그를 동역자로 삼으신 것입니다. 요나가 준비될 때까지 하나님은 참으며 기다리셨습니다. 처음부터 요나에게 은혜를 주시고 그를 부르신 것은 이 사역, 즉 요나를 위한 것이었을 수 있습니다.

스스로 살아 움직이는 말씀

하나님을 거역할 수 없었기에 순종하여 니느웨를 향해 갔지만, 어쩌면 요나는 울면서 갔을지 모릅니다. 저는 그의 마음이 느껴집니다. 여전히 선지자로서의 사명감이나 니느웨성을 구원하고자 하는 열정보다는 하나님의 강권하심으로 억지로 갔을 것입니다.

요나는 하나님의 말씀대로 니느웨성에 가서 외쳤지만, 그들이 회개하기를 바라지 않았습니다. 어쩌면 그들의 악함과 나쁜 인간성에 일말의 기대를 걸고 그들이 회개하지 않기를 바랐을 수도 있습니다. 하나님의 명령을 거역하지 않으면서도 자신이 원하는 결과, 즉 니느웨의 멸망을 원했던 것입니다. 하나님의 말씀을 들어도 '제발 회개는 하지 마라' 하면서 말입니다.

실제로 니느웨는 좌우를 분변하지 못하는 자가 12만 명이 넘고, 사흘 동안 걸어 다녀야 할 만큼 큰 성이었음에도 요나는 단 하루 동안만 다니며 하나님의 메시지를 선포했습니다. 그것도 자세하고 친절한 방식이 아닌, 다섯 마디로 된 짧은 문장으로 메시지를 전했습니다.

짧고 간단한 메시지만큼이나 요나의 태도는 무성의했습니다. 주석도 없고, 적용도 없었습니다. 구체적인 지침과 설명도 없었습니다. 요나가 선포한 예언의 말씀은 다음과 같습니다.

사십 일이 지나면 니느웨가 무너지리라(3:4).

여기서 사용된 '무너지다'(히. 하파크)라는 단어는 창세기에서 소돔과 고모라에 대한 심판 선언 때 사용된 말입니다. 이토록 간단하고 무성의한 말이 어디 있습니까. 요나서에 나오는 한 절도 아닌, 단 반절의 예언의 말씀입니다.

그러나 이런 메시지를 들은 니느웨 사람들은 요나의 말을 반박하지도, 비웃지도 않았습니다. 요나를 핍박하지도 않았습니다. 처음에는 요나가 메시지를 전했지만, 이후에는 니느웨 사람들끼리 입에서 입으로 삽시간에 퍼졌고, 곧 니느웨 도시 전체에 메시지가 전달되었습니다. 순식간에 높고 낮은 자를 막론하고, 더 나아가 왕에게까지 이 메시지가 전달되었습니다. 이것은 요나의 예상과 기대를 완전히 벗어난 결과였습니다.

마르틴 루터(Martin Luther)는 설교는 설교자의 사역이 아니라 하나님의 사역이라고 말했습니다. 사람이 준비하고 시행하는 것 같지만, 설교는 설교자의 입을 떠나는 순간 자체의 생명력을 가지고 역사합니다. 말씀이 어디에서, 누구에게, 어떤 방식으로 역사할지는 하나님만 아십니다.

온라인 설교가 활성화된 오늘날은 더 예상하기 어렵

습니다. 방송과 인터넷을 통해 설교가 전 세계를 돌아다닙니다. 저는 기독교 방송 설교를 신자들만 보고 듣는 줄 알았습니다. 그런데 울산대학교 이정훈 교수가 저의 텔레비전 방송 설교를 듣고 죄를 회개하고 주님을 영접했다는 간증을 들었습니다. 법사였던 분이 이제는 전도자가 되었습니다.

하나님이 하시는 일은 모르는 것이 많습니다. 비록 요나의 발과 입술을 통해 하나님의 말씀이 선포되었지만, 하나님의 말씀은 니느웨성 안에서 스스로 살아 역사했습니다.

긍휼과 사죄의 복음

요나가 니느웨성에서 선포한 다섯 마디의 말은 심판의 메시지였습니다. 40일 안에 회개하지 않으면 니느웨 사람들은 하나님의 진노로 멸망당할 운명에 직면해 있었습니다.

'40'이란 숫자는 성경에서 중요한 의미를 갖습니다. 노아의 홍수는 40일간 지속되었습니다. 모세가 시내산에 머문 시간도 40일이었습니다. 이스라엘 민족이 출애굽 후 광야에서 보낸 세월은 40년이었으며, 엘리야의 고행 길도 40일이었습니다. 또한 예수님은 세례를 받으신 후 광야에서 시험을 당하실 때 40일을 금식하셨습니다. 이처럼 40일은 멸망에 대한 경고의 메시지이지만, 한편 은혜의 시간, 유예의 기간, 기회의 기간이었습니다.

하나님의 예언의 말씀은 세상의 운명론적 예언들과 달리 닫힌 미래를 말하지 않습니다. 오히려 열려 있는 미래를 의미합니다. 그 말씀에 어떻게 반응하고 변화하느냐에 따라 얼마든지 바뀔 수 있는 열린 미래입니다.

니느웨성에 주어진 '시한부 메시지'는 멸망의 저주가 아니라, 긍휼과 사죄의 복음이었습니다. '살날이 40일만 남았다'는 의미가 아니라, '40일 안에 하나님을 찾으면 살 수 있다'는 희망의 메시지였습니다. 고난과 절망적인 상황에서도 하나님을 바라보면 희망의 빛을 발견할 수 있습니다.

그러나 정작 이 말씀을 전한 요나는 그 의미를 몰랐던 것 같습니다. 요나는 40일이 지나면 니느웨성이 망한다는 내용에 집중했을지 모릅니다. 만약 니느웨를 멸망시키는 것이 하나님의 목적이었다면 요나와 같은 선지자를 보내실 필요가 없었습니다. 요나를 강권하여 니느웨로 보내셨다는 사실에 이미 하나님의 본뜻이 담겨 있습니다. 40일은 심판이 구원으로 바뀔 수 있는 충분한 시간입니다. 살아날 수 있는 길은 오직 회개밖에 없습니다.

이것은 특정한 장소와 특정한 시간 안에서 이루어지는 역사입니다. 목회자와 사명자가 하나님이 보내신 곳에서 사역한다는 것은 하나님이 그곳에서 일하시는 모습을 보고 경험한다는 뜻입니다.

그가 죽은 자 가운데서 살아나셨고 너희보다 먼저 갈릴리로 가시나니 거기서 너희가 뵈오리라(마 28:7).

하나님이 일하시는 모습을 갈릴리에서 보라는 초청입니다. 사역의 주체는 목회자나 사명자가 아닌 하나님 자신이십니다. 우리는 그분의 사역을 목격하고 그 영광에 참여할 뿐입니다.

요나의 일생을 통해 그가 행한 가장 귀한 일은 어쩌면 니느웨성에서 하루 동안 "사십 일이 지나면 니느웨가 무너지리라"라고 외친 것이었는지도 모릅니다. 그 일을 하려는 목적으로 하나님이 요나를 이 땅에 보내셨는지 모릅니다.

우리 중 누구도 알 수 없습니다. 우리의 눈에는 사소하고 보잘것없어 보이는 일, 무가치해 보이는 일, 하고 싶지 않았던 일이 하나님의 관점에서는 가장 귀한 일일지도 모릅니다. 우리가 하는 어떤 일이 열매를 맺을지 모릅니다. 그런 일들이 니느웨에는 많습니다.

오직 주께서는 너희를 대하여 오래 참으사 아무도 멸망하지 아니하고 다 회개하기에 이르기를 원하시느니라(벧후 3:9).

하나님은 심판이 아닌 니느웨의 회개를 원하고 기다리셨습니다. 이제 니느웨 사람들이 하나님의 메시지에 응답할 차례입니다.

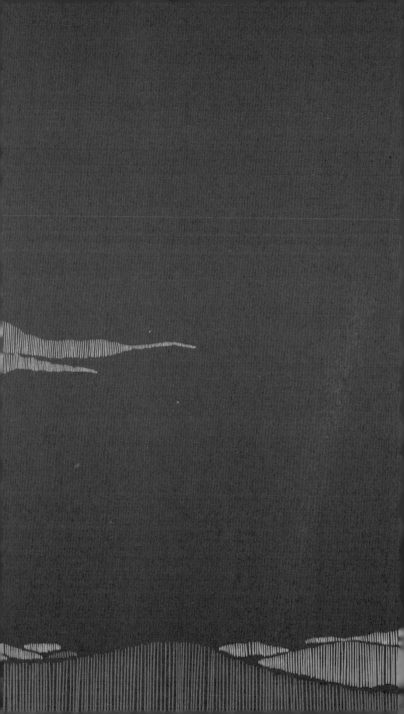

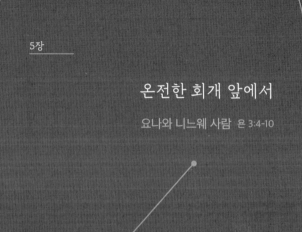

5장

온전한 회개 앞에서

요나와 니느웨 사람 욘 3:4-10

니느웨의 철저한 회개

사십 일이 지나면 니느웨가 무너지리라(3:4).

요나의 기대와는 달리, 이 성의 없어 보이는 짧은 메시지가 니느웨성 전체에 큰 반향을 불러일으켰습니다. 일파만파로 번져 나갔습니다.

니느웨 백성은 하나님을 믿었을 뿐 아니라 금식을 선포하고 높고 낮은 자를 막론하고 굵은 베옷을 입고 회개했습니다. 심지어 왕까지도 왕복을 벗고 굵은 베옷을

입고 재 위에 앉았고, 왕과 대신들이 조서를 내려 사람
뿐 아니라 짐승이나 소 떼나 양 떼 같은 가축들까지 물
과 음식을 금하도록 했습니다. 이는 요나가 물고기 배
속에서 사흘 동안 머물다 살아 나온 기적보다 더 놀라
운 기적입니다.

요나는 자신이 무성의하게 전한 하나님의 말씀이 니
느웨 사람들에게 받아들여지지 않을 것으로 예상했는
지 모릅니다. 그러나 그들은 요나가 전한 하나님의 말
씀을 순전한 마음으로 받아들였습니다. 저는 이것을 '말
씀 대접'이라고 부릅니다. 하나님의 말씀을 합당한 예
를 다하여 모셔 들이는 것입니다.

니느웨 사람들이 하나님을 믿고 금식을 선포하고 높고 낮
은 자를 막론하고 굵은 베옷을 입은지라(3:5).

니느웨 사람들은 더 나아가 요나가 구체적으로 일러
주지 않았음에도 말씀을 깨닫고 자신들의 삶에 즉각적

이고도 구체적으로 적용했습니다. 요나는 니느웨가 무너질 것을 예고만 했지, 회개하라거나 금식하라고 하지 않았습니다. 그러나 그들은 40일이라는 은혜의 기회가 주어졌다는 것으로 받아들였습니다. 그러했기에 하나님을 믿고, 금식하며 부르짖어 회개한 것입니다.

이처럼 짧은 하나님의 말씀을 듣고도 그 말씀을 삶에 철저하게 적용한 니느웨 사람들의 모습은 오늘을 사는 우리에게 커다란 교훈을 줍니다.

'말씀은 짧게, 적용은 길게!' 요나가 전한 요나 3장 4절 반절의 말씀에 니느웨 사람들은 5절부터 9절까지 다섯 절에 걸쳐 적용했습니다. 믿고 금식하고 회개했습니다.

오늘날 우리는 여러 매체와 인터넷의 발달로 소위 '말씀의 홍수' 속에 살고 있습니다. 주변에 훌륭하고 탁월한 설교들이 얼마나 많은지 모릅니다. 교회가 아닌 세상에서도 감동적이고 지혜로운 강의와 말들이 넘쳐 나는 시대입니다. 그러나 그토록 좋은 말들과 가르침에도 교회와 세상이 변화하지도, 성장하지도 못하는 것처럼 보일 때가 많습니다. 구체적인 적용과 실천이 없기 때문입니다.

하나님이 진노하실 정도로 악하고 타락했던 니느웨성이 180도 변화하여 구원을 받기까지 걸린 시간은 40일이 채 되지 않았습니다. 니느웨성의 극적인 회개와 변화를 촉발시킨 것은 요나가 전한 하나님의 말씀이었습니다. 그러나 니느웨 사람들의 적극적이고 구체적인 삶의 적용이 없었다면 요나의 말씀 사역은 헛수고가 되었을 것입니다.

예배를 드리며 설교를 듣는 것과 하나님의 말씀인 성경을 읽는 것도 좋지만, 말씀을 듣고 읽은 만큼, 아니 그보다 더 길고 철저하게 적용하고 실천하는 것이 중요합니다.

회개는 하나님의 역사

요나 3장 8-10절에는 '돌이키다'라는 뜻을 가진 히브리어 '슈브'가 네 번 나옵니다. 영국의 종교개혁자 존 웨슬리(John Wesley)는 구원받은 신자들이 추구해야 할 완전(perfection)을 강조했습니다. 웨슬리가 말한 신자의 완전이란 죄가 하나도 없는 상태를 의미하는 것이 아니라, 동기와 의도의 완전함을 의미합니다. 다시 말해, 인생의 방향을 하나님의 완전한 사랑과 거룩함에 맞추고 살아가는 것입니다.

회개란 죄의 길에서 '돌이켜' 하나님이 기뻐하시는 거룩하고 의로운 길을 걷기 시작하는 전환점입니다. 니느웨성의 회개는 솔로몬에게 주셨던 하나님의 말씀을 생각나게 합니다.

내 이름으로 일컫는 내 백성이 그들의 악한 길에서 떠나 스스로 낮추고 기도하여 내 얼굴을 찾으면 내가 하늘에서 듣고 그들의 죄를 사하고 그들의 땅을 고칠지라(대하 7:14).

니느웨 사람들은 비록 악한 이방인들이었지만 돌이켜 악한 길에서 떠나 스스로를 낮추고 기도함으로 하나님의 죄 사함과 회복을 경험할 수 있었습니다.

그러나 이러한 삶의 전환은 인간의 능력과 노력으로 가능한 것이 아닙니다. 니느웨 사람들의 전적인 돌이킴은 선지자 요나의 노력의 결과도, 니느웨 사람들의 윤리적 결단 때문도 아니었습니다. 오직 하나님의 역사였습니다. 하나님의 은혜로 회개의 역사가 일어난 것입니다.

회개는 언제나 하나님의 역사입니다. 우리가 삶에서 경험할 수 있는 가장 큰 성령의 역사도 바로 회개입니다. 회개는 우리를 죄로부터 건져 살리는 능력이자 하나님께 향하도록 하는 힘입니다. 사도 바울도 회개함은 하나님이 주시는 은사임을 분명히 선언하고 있습니다.

하나님이 그들에게 회개함을 주사 진리를 알게 하실까 하며(딤후 2:25).

또한 니느웨의 극적인 회심이 가능했던 이유로 당시 사회적 상황을 이야기하는 학자들도 있습니다. 그 시대 니느웨 지역에 기근, 역병, 일식 같은 자연재해가 많이 발생했고 반란 등 사회적 혼란까지 더해져 전반적으로 불안감과 위기 의식이 고조되어 있었다는 것입니다. 이런 상황에서 요나가 담담하게 선포한 하나님의 말씀이 그들을 일깨우는 기폭제로 작용했을 것입니다.

신앙의 눈으로 볼 때 이것도 하나님의 사전 준비 작업이었을 것입니다. 다시스로 가는 요나가 풍랑을 만났을 때 미리 큰 물고기를 준비하셨던 것처럼, 하나님은 요나가 하나님의 말씀을 선포하기 이전에 여러 징조와 사건으로 니느웨 사람들의 마음을 준비시키셨을 것입니다. 말씀을 전하고 전도를 해 보면 하나님이 말씀을 전하는 사람을 준비시키실 뿐 아니라 말씀을 듣는 이들의 마음과 상황도 준비시키시는 것을 볼 수 있습니다.

심판보다는 회개를

하나님은 우리 모두를 사랑하십니다. 그렇기에 모두를 구원하기 원하십니다. 때로 우리는 우리의 죄로 인해 하나님께 징계를 받기도 합니다. 그러나 우리를 벌하고 징계하실 때조차도 하나님의 목적은 그 징계를 통해 우리를 깨우치시고 구원에 이르게 하시려는 데 있습니다.

오직 주께서는 너희를 대하여 오래 참으사 아무도 멸망하지 아니하고 다 회개하기에 이르기를 원하시느니라(벧후 3:9).

이 말씀처럼 하나님은 아무도 멸망하지 않기를 바라시기에 우리의 죄와 악에 대해서도 오래 참으십니다. 모두가 돌이켜 회개하기를 바라고 계십니다.

요나 3장 6-9절에 기록된 니느웨 왕의 모습을 통해서 니느웨의 회개가 얼마나 철저했는지를 엿볼 수 있습니다. 먼저 왕 자신이 보좌에서 일어나 왕복을 벗고 굵은 베옷을 입었습니다. 그리고 재 위에 앉았습니다. 이는 왕이 자신의 권위를 하나님 앞에 다 내려놓은 것을 의미합니다. 또한 베옷을 입고 재 위에 앉은 것은 유대인의 방식으로 회개하고자 한 것으로 보입니다.

왕이 내린 조서에 의하면, 금식도 삼중으로 엄격히 시행되었습니다. 음식을 먹지 않을 뿐 아니라 물도 마시지 않아야 하고, 심지어 음식을 입에 대지도 않아야 했습니다. 철저한 단식 선언이었습니다.

사람이든지 짐승이든지 다 굵은 베옷을 입을 것이요 힘써 하나님께 부르짖을 것이며 각기 악한 길과 손으로 행한 강포에서 떠날 것이라(3:8).

회개에 있어서는 하나님께 부르짖어 기도하는 것과 실제로 악한 길과 손으로 행한 강포에서 떠나는 것, 두 가지가 모두 중요합니다. 입술과 마음의 회개에 그치지 않고 악한 길에서 실제로 떠나는 것이 회개의 열매입니다. 여기서 말하는 '악한 길과 손으로 행한 강포'는 죄

속에 살아온 삶의 전 과정, 악한 행위와 습관, 나쁜 성품 등을 모두 포함합니다.

왕과 대신들의 조서로 선포된 이러한 회개 운동은 개인의 회심을 넘어서 사회적 개혁으로까지 이어졌을 것입니다. 절도와 폭력, 도덕적 해이와 부정부패, 성적 타락과 우상 숭배, 압제와 전쟁 등 사회 구조적 악에서 떠나는 사회적 개혁도 개인의 회개만큼이나 중요합니다.

하나님이 뜻을 돌이키시고 그 진노를 그치사 우리가 멸망하지 않게 하시리라 그렇지 않을 줄을 누가 알겠느냐(3:9).

성경을 통해 볼 때, 선하신 하나님은 회개하는 자에게는 차별 없이 긍휼과 용서의 하나님이 되어 주십니다. 니느웨의 왕과 모든 사람은 자신들의 회개와 돌이킴으로 하나님의 뜻이 돌이켜지기를 간절히 바랐습니다. 그러한 바람과 노력이 하나님 앞에서 그들의 믿음이요 의가 되었습니다. 회개하는 자에게 심판의 하나님은 긍휼의 하나님으로 다가오십니다.

하나님이 그들이 행한 것 곧 그 악한 길에서 돌이켜 떠난 것을 보시고 하나님이 뜻을 돌이키사 그들에게 내리리라고 말씀하신 재앙을 내리지 아니하시니라(3:10).

니느웨 사람들의 악에서 '돌이킴'에 대하여 하나님도 뜻을 '돌이키'셨습니다. "하나님이 뜻을 돌이키사"라는 말씀이 9절과 10절에 반복해서 나옵니다. 여기 같은 단어가 쓰여 있습니다. 그들의 회개에 대하여 하나님도 돌이키셨습니다. 니느웨 사람들의 돌이킴에 대한 응답으로 하나님은 예정하신 재앙을 거두어 주셨습니다. 하나님은 니느웨 사람들이 악한 길에서 돌이켜 떠난 것을 '보시고' 긍휼을 베푸셨습니다.

이사야서에서도 하나님은 히스기야왕에게 "네가 죽고 살지 못하리라"(사 38:1)라고 말씀하셨지만, 그가 눈물로 회개하는 것을 '보시고' 그의 수명을 15년 연장해 주셨습니다.

예수님은 니느웨성에 일어난 이 역사적 사건을 들어

"심판 때에 니느웨 사람들이 일어나 이 세대 사람을 정죄하리니 이는 그들이 요나의 전도를 듣고 회개하였음이거니와 요나보다 더 큰 이가 여기 있으며"(마 12:41)라고 말씀하셨습니다.

예수님의 말씀처럼, 요나의 불친절한 전도로도 철저하게 회개하여 하나님의 용서를 받은 니느웨 사람들이, 오늘날 사명감을 가지고 열정적으로 전하는 수많은 설교자를 통해 말씀을 들으면서도, 언제든지 하나님의 말씀을 읽을 수 있는 환경에서도 회개하지 않는 이 세대 사람들을 부끄럽게 할 것입니다.

요나의 불만과 하나님의 은혜

그가 대답하되 나는 히브리 사람이요 바다와 육지를 지으신 하늘의 하나님 여호와를 경외하는 자로라 하고 (1:9).

다시스로 가는 배가 풍랑을 만났을 때 사람들은 제비를 뽑아 요나가 재앙의 원인임을 알게 되었습니다. 그들 앞에 요나는 자신을 '히브리 사람이요 하나님을 경외하는 자'라고 소개했습니다. 사람들의 질문에 대한 단순한 답변으로 볼 수도 있지만, 선지자인 요나가 '하나님을 경외하는 자'보다 '히브리 사람'이라는 정체성을 앞세운 것을 주목해 볼 필요가 있습니다.

우리가 자기 자신을 타인에게 소개할 때는 일반적으로 중요하다고 생각하는 정보나 자신을 가장 잘 설명해 줄 수 있는 내용을 먼저 언급합니다. 보통은 '하나님'이 먼저 와야 하는 것 아닙니까. 민족보다 하나님이 더 큰 개념인데, 요나는 민족이 더 우선이었습니다. 이렇게 되면 기독교도 민족 종교가 될 수 있습니다. 요나는 하나님의 백성이자 사명을 받은 선지자였습니다. 그럼에도 히브리 사람이라는 그의 민족적 정체성이 그보다 더 중요했습니다.

실제로 요나가 니느웨로 가라는 하나님의 명령에 불

순종했던 이유도 그의 민족적 정서 때문이었습니다. 니느웨는 역사적으로 이스라엘을 오랫동안 괴롭혀 온 강대국 앗수르의 수도였으니, 인간적으로는 요나의 마음을 이해할 수도 있습니다. 그러나 선지자로서의 사역에 하나님의 뜻과 무관하게 주관적 선호도와 가치관이 개입해 영향을 주어서는 안 됩니다.

요나서는 하나님이 얼마나 크신 분인지를 알려 줍니다. 하나님은 어떤 민족보다 크시고, 바다보다 크시고, 큰 물고기보다 크시고, 니느웨 왕보다 크시면서도 불쌍한 니느웨 백성, 배에 탄 사람들, 박 넝쿨, 그리고 요나의 마음까지도 살피시는 분입니다.

니느웨의 구원 사건은 인간만이 아니라 생태학적인 구원관을 드러내고 있습니다. 노아의 방주처럼 말입니다. 니느웨의 구원에는 사람 12만 명 이상에 가축들까지 포함되었습니다(4:11). 사실 금식을 할 때 니느웨 사람들뿐 아니라 가축들까지도 금식을 했습니다.

그리고 하나님은 만물을 섭리하십니다. 하나님은 큰

물고기(1:17), 박 넝쿨(4:6), 벌레(4:7), 뜨거운 동풍(4:8)을 예비하셨습니다. 저는 지금 우리가 당하는 코로나19까지도 구원의 역사를 위해 하나님이 섭리하실 수 있다고 믿습니다. 이렇게 하나님은 크신 분입니다.

자신이 하나님의 자녀요, 예수님의 제자라고 말하면서도 그 크신 하나님의 뜻을 모르고 자신의 가치관이나 신념 아래 하나님을 축소시키려고 해서는 안 됩니다. 예수님의 제자들이 부르심을 받았을 때 모든 것을 버려두고 따랐던 것처럼, 오늘날의 제자들도 자신들의 좁은 생각을 내려놓고 광대하신 하나님의 뜻을 품고 나가야 합니다. 전도 대상자의 세계로 들어가지 못하면 그들을 전도할 수 없습니다.

이런 요나에게서 이런 니느웨가 나왔다는 것은 참으로 놀랍습니다. 성의 없는 요나의 메시지를 듣고 니느웨가 철저하게 순종적인 반응을 보인 것, 요나의 마지못한 형식적인 신앙과 니느웨의 자발적인 회개, 신앙의 연륜이 깊은 요나와 새로 믿게 된 니느웨의 극단적인 대조입니다.

이를 통해 우리는 교회의 직분이나 신앙의 연조나 설교의 기교가 중요한 것이 아니라, 하나님의 말씀 자체가 능력이고 하나님의 은혜가 성령을 통하여 역사한다는 것을 배울 수 있습니다.

마음이 내키지 않아 마지못해 전하는 전도자의 말을 듣고도 회개했다는 것은 전도자가 사랑과 열정을 가지고 힘써서 전하는 하나님의 말씀을 받고도 회개하지 않는 사람은 정말 핑계할 수 없음을 알려 줍니다.

요나가 예언한 지 150년이 지난 후 또다시 나훔 선지자가 니느웨의 멸망을 예언했습니다. 요나와 달리 나훔은 열정적으로 말씀을 전했지만 이때의 니느웨는 회개하지 않았습니다. 그리고 결국 주전 612년 바벨론 느부갓네살왕에 의해 니느웨는 무너지게 됩니다.

니느웨의 흥망성쇠와는 별개로, 요나와 나훔 두 선지자의 사역을 통해 우리는 이방 민족을 향한 하나님의 사랑과 관심을 보게 됩니다. 때로는 질책과 징벌도 사랑의 표현이 됩니다. 우리는 하나님의 특별한 사랑과 은혜만큼이나 우주적이고 보편적인 창조주 하나님의 사랑을 기억할 필요가 있습니다.

요나서와 나훔서 둘 다 니느웨에 대한 예언이지만, 요나는 니느웨가 회개하여 구원받은 역사의 증인이 된 반면에, 나훔은 니느웨가 회개하지 않음으로 결국 완전히 멸망당하는 모습을 목도했습니다. 요나서는 '자비와 긍휼의 하나님', 나훔서는 '공의와 심판의 하나님'을 우리에게 보여 줍니다.

이처럼 긍휼이냐, 심판이냐를 나누는 기준은 결국 회개입니다. 개인이든 나라 전체든 하나님의 말씀에 어떻게 반응하느냐에 따라 그 운명이 결정된다는 것을 요나서와 나훔서, 즉 니느웨 역사의 전편과 후편의 이야기를 통해 깨달을 수 있습니다.

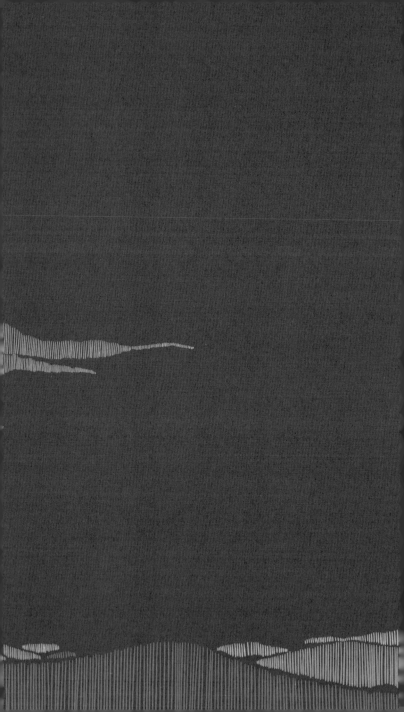

6장

너를 어떻게 포기하겠느냐

박 넝쿨 아래에서 욘 4:5-11

온전하지 못한 순종

니느웨의 회개보다 어쩌면 요나 한 사람의 회개가 더 힘든지도 모릅니다. 다시스로 도망갔던 불순종도 그렇지만 순종하는 모습으로 갔던 니느웨에서의 사역도 온전한 순종은 아니었습니다. 어떻게 보면 불순종보다 못한 순종입니다.

요나서 전체에서 요나의 불순종은 다른 사람들과 만물이 하나님께 순종하는 모습과 큰 대조를 이룹니다. 요나 빼고 모두 순종합니다. 먼저, 자연 만물이 창조주 하나님께 순종했습니다. 큰 폭풍, 바람, 바다, 큰 물고기, 벌레, 박 넝쿨, 동풍 등 자연과 동식물이 하나님의 말씀에 순종했습니다. 이방인 선원들과 악한 니느웨 사람들까지 하나님의 말씀에 순종하고 회개했습니다. 오직 선지자 요나만이 하나님의 뜻 앞에서 불순종하고, 불성실하며, 불만으로 가득 차 있었습니다.

서두에서 밝힌 것처럼, 이런 면에서 요나서는 이방 선교를 위한 책보다는 우선 요나 개인에게 초점을 맞춘 책으로 봐야 합니다. 요나서에 나오는 요나와 이방인의 관계를 신자와 비신자의 관계와 처신으로 주목하여 보아야 합니다. 하나님은 요나서를 통하여 우리에게 다른 민족, 다른 믿음을 가진 사람을 어떻게 대할 것인가를 가르치고 계십니다. 요나는 그들에게 말씀을 전하고 싶지 않았고, 그들을 믿음으로 이끌려고 하지도 않았습니다. 요나는 하나님의 마음을 몰라도 너무 몰랐습니다.

요나 2장에 기록되어 있듯이, 물고기 배 속에 있는 사흘 동안 요나는 간절히 기도했습니다. 그렇게 기도했음에도 요나는 변하지 않았습니다. 두 번째 기회를 하

나님께 받았음에도 큰 변화가 없었던 이유는 그에게 참
된 회개가 없었기 때문입니다. 어차피 니느웨로 가야만
했다면 좀 더 열정적으로, 정성을 담아 하나님 말씀을
전할 수는 없었을까요?

우리도 마찬가지입니다. 기왕에 하는 일이라면 즐겁
게 하면 좋을 것입니다. 마지못해 의무감으로 억지로
하는 일은 과정도 힘들 뿐 아니라 결과도 좋지 않습니
다. 신앙생활에서도 그런 모습을 보게 됩니다. 시간을
들여 봉사도 하고, 헌금도 많이 하고, 예배도 자주 드리
는데 기쁨으로 하지 못하는 이들이 있습니다. 베드로는
장로들에게 이렇게 권면합니다.

너희 중에 있는 하나님의 양 무리를 치되 억지로 하지 말
고 하나님의 뜻을 따라 자원함으로 하며 더러운 이득을
위하여 하지 말고 기꺼이 하며 맡은 자들에게 주장하는
자세를 하지 말고 양 무리의 본이 되라(벧전 5:2-3).

하나님의 일을 하면서 교만한 마음, 무관심, 냉대, 미움, 원망, 시기, 다툼, 후회 같은 감정에 사로잡혀 억지로 해서는 안 됩니다. 정히 하고 싶지 않으면 다른 일을 찾는 것이 낫습니다. 몸만 갈 뿐 마음이 함께하지 않는 것은 하나님이 기뻐하지 않으십니다. 하나님은 우리의 마음을 원하십니다.

인류 역사상 첫 살인을 저지른 가인도 하나님께 제사를 드리는 예배자였습니다. 그럼에도 동생 아벨을 죽이는 죄를 범했습니다. 예배의 행위는 있었지만 참된 예배자의 마음으로 살지 못한 결과였습니다. 정성 없는 예배는 소용이 없습니다.

요나는 니느웨를 증오하고 경멸했습니다. 조금도 사랑하지 않았습니다. 사랑하지 않으면서 그들에게 어떻게 말씀을 전할 수 있습니까? 그들이 구원받기를 바라지 않으면서, 아니 그들이 멸망하기를 간절히 원하면서 어떻게 진심으로 복음을 전할 수 있겠습니까?

요나 신드롬

요나서의 독자는 히브리 사람들이었습니다. 요나는 한 사람의 선지자이지만 동시에 히브리 사람들 전체를 대표하는 인물로 그려집니다. 하나님은 요나의 이야기를 통해 이스라엘의 교만과 히브리 사람들의 불신앙을 일깨워 주십니다.

그들은 자신들이 하나님의 선택을 받은 선민이라고 자랑하면서도 하나님이 자신들을 선택하신 이유와 목적은 망각하고 있었습니다. 부르심의 목적을 모르기에 부르심에 합당한 삶을 살지 못했던 것입니다. 하나님이 이스라엘을 선택하신 이유는 그들을 통해 다른 나라와 민족들을 구원하기 원하셨기 때문입니다.

신앙의 선배인 안이숙 여사는 일제강점기에 우리 민족에게는 원수와도 같은 일본으로 건너가 "죽으면 죽으리이다"라는 순교의 각오로 복음을 전했습니다. 우리도 마땅히 그분처럼 살아야 하지만, 현실에서 그렇게 살기란 결코 쉬운 일이 아닙니다.

요나에게는 이스라엘을 향한 애국심, 민족주의적 자긍심, 선지자로서의 영적 교만, 택하심을 받았다는 선민의식, 하나님에 대한 독점욕, 그리고 니느웨를 향한 적개심이 있었을 것입니다. 오늘날에도 교만과 자기애, 그리고 자기 의에 사로잡혀 이기적이고 독단적인 기준으로 타인에 대해 편협한 마음을 가진 이들이 여전히 존재합니다.

생각해 보면 요나는 참 이상한 사람입니다. 그는 상대가 구원받지 않기를 바라면서 복음을 전했습니다. 자신의 사역의 결과인 성공적인 열매를 죽기까지 싫어했습니다(4:3). 박 넝쿨은 아까워하면서 12만 명 이상의 생명은 안중에도 없었습니다. 하나님의 부르심을 받았으면서도 자기의 입맛대로 하나님을 부리려고 했습니다. 이것이 '요나 신드롬'입니다. 편협함과 완악함 그 자체입니다.

선민의식, 영적 교만, 독점의식, 적개심, 비교의식, 영적 침체, 자기 연민 등 오늘날 많은 교회와 신자가 이 같은 요나 신드롬에 걸려 있습니다. 독선적이고 무례하고 배타적일 뿐 아니라 자기 의에 사로잡혀 남을 정죄하는 신자들이 불행하게도 너무 많습니다. 신자이면서도 생명의 가치보다 물질의 가치를 더 소중하게 여기는 자들이 있습니다.

신자들이 비신자에 관심을 갖기보다 자신의 성공과 자기 교회의 번영에만 관심을 기울이는 오늘날의 세태에 요나서는 경종을 울립니다.

하나님 아버지의 마음

요나가 성읍에서 나가서 그 성읍 동쪽에 앉아 거기서 자기를 위하여 초막을 짓고 그 성읍에 무슨 일이 일어나는가를 보려고 그 그늘 아래에 앉았더라(4:5).

요나는 하나님의 말씀을 하루 동안 전한 후 니느웨성

에서 나와 초막을 짓고 니느웨에서 일어나는 일을 보고자 기다리고 있었습니다. 자신의 바람이 이루어지길 기대하면서 말입니다. 요나는 아직도 니느웨의 멸망에 대한 미련을 못 버렸습니다.

이때의 요나는 탕자 이야기에 나오는 큰아들의 모습 그 자체입니다. 잃어버린 아들을 찾은 아버지의 마음을 몰라주었던 '집안의 탕자' 큰아들처럼, 요나는 하나님의 마음을 알지 못했습니다. 아니, 알고 싶어 하지도 않았습니다.

악을 행하던 니느웨의 돌이킴과 회개는 하나님께 커다란 기쁨이었을 것입니다. 하나님이 기쁨으로 니느웨를 용서하시자 요나는 하나님 앞에서 화를 내며 차라리 자신을 죽여 달라고 말했습니다.

여호와여 원하건대 이제 내 생명을 거두어 가소서 사는 것보다 죽는 것이 내게 나음이니이다(4:3).

요나는 물고기 배 속에 들어갔다 나오면서까지 발버둥 쳤지만 결국 민족의 원수를 구원하는 데 자신이 사용되었다는 사실에 원망과 자기 연민에 휩싸였습니다. '결국 그들을 살리시려고 하나님이 나를 이토록 고생시키셨구나' 하면서 말입니다. 화도 나고 시기심도 발동했습니다.

그렇지만 선지자로 하나님께 부르심을 받은 요나가 하나님의 사역의 결과에 대해 불만을 가지고 화를 내는 것은 있을 수 없는 일이었습니다. 선지자답지 못한 선지자, 하나님께 차라리 죽여 달라고 거듭해서(4:3, 8) 말하는 요나는 로뎀나무 아래 앉아 죽기를 원하던 선지자 엘리야를 생각나게 합니다.

열왕기상 18장에 기록된 것처럼, 엘리야 선지자는 갈멜산에서 450명의 바알 선지자들과 대결을 펼쳤습니다. 450 대 1의 싸움이었지만, 엘리야는 여호와 하나님의 이름으로 승리했습니다. 그리고 기손 시내에서 바알 선지자 모두를 죽였습니다. 그러나 큰 승리를 거두었음에도 자신을 죽이겠다고 맹세한 이세벨의 말을 전해 듣고는 두려움에 도망을 쳤고, 한 로뎀나무 아래에 앉아 크게 절망했습니다.

여호와여 넉넉하오니 지금 내 생명을 거두시옵소서 나는 내 조상들보다 낫지 못하니이다(왕상 19:4).

엘리야처럼 대단한 선지자, 사명자도 지칠 수 있습니다. 영적 침체, 자기 연민에 빠질 때가 있습니다. 엘리야 이야기의 결말이 그렇듯, 하나님은 지치고 상처받은 하나님의 자녀들을 찾아와 위로하시고 회복시키십니다.

그러나 요나는 엘리야의 경우와 달랐습니다. 엘리야는 최선을 다한 후 예상치 못한 결과를 만나 절망했지만, 요나는 자신의 뜻대로 일이 되지 않았다고 하나님을 원망했습니다. 더군다나 요나의 원망과 분노는 한 번에 그치지 않았습니다.

스스로 죽기를 구하여 이르되 사는 것보다 죽는 것이 내
게 나으니이다(4:8).

니느웨의 구원을 보며 원망과 자기 연민에 빠진 요나
에게 하나님은 한 사건을 경험하게 하셨습니다. 니느웨
의 결말을 보고자 초막에 거한 요나를 위해 그늘을 제
공해 줄 박 넝쿨을 준비하신 것입니다(4:6).

박 넝쿨 그늘로 뜨거운 해를 피하게 된 요나는 기뻤
습니다. 그런데 다음 날 새벽, 하나님이 이번엔 벌레를
준비하셔서 박 넝쿨을 갉아먹게 하셨습니다. 박 넝쿨이
시들어 그늘이 없어지고 뜨거운 동풍까지 불자 햇빛 아
래 괴로워하던 요나는 죽는 것이 낫겠다며 화를 냈습니
다. 박 넝쿨로 인해 이토록 화내는 것이 합당하냐고 하
나님이 물으셨습니다. 그러자 요나가 답했습니다.

내가 성내어 죽기까지 할지라도 옳으니이다(4:9).

146

요나는 자신이 옳고 하나님이 합당하지 못하다고 고집을 피웠습니다. 요나 4장에 요나가 '성내다', '노하다'라는 표현이 여섯 번 나옵니다. 어떻게 하나님의 일을 하는 사람이 하나님 자리에 올라가고, 더 나아가 하나님을 판단하는 자리까지 나갑니까. 요나는 아무리 화가 났다고 해도 이해할 수 없는 말을 하고 있습니다.

아마 자신에게 화가 나 있는 것을 하나님께 돌리는 것 같습니다. 내면에 왜 이런 분노가 일어나는지 스스로 한번 성찰해 보아야 합니다. 누가복음 15장에서, 세리와 죄인들과 함께한다고 예수님을 비판한 바리새인과 서기관들이 그러했고, 아버지에게 항의하는 큰아들이 그러했고, 마태복음 20장에서 주인에게 따지는 이른 새벽에 먼저 온 포도원 품꾼들이 그러했습니다. 그들은 은혜의 원리는 모르고, 다 공로의 원리를 내세웠습니다. 이렇게 살다가는 먼저 된 자로서 나중 됩니다(마 20:16).

우리도 원하지 않는 결과나 받아들이기 힘든 일을 만나면 하나님께 화를 내게 됩니다. 하나님이 왜 이런 시험을 주시는지 원망스런 마음이 들기도 합니다. 하나님을 믿지 않기 때문이 아니라 믿기 때문에 하는 것이지만, 이런 상황에 놓이면 먼저 우리 안에 왜 이런 분노가 일어나는지 스스로 돌아보며 신앙적으로 점검할 필요가 있습니다.

내게는 염소 새끼라도 주어 나와 내 벗으로 즐기게 하신 일이 없더니 아버지의 살림을 창녀들과 함께 삼켜 버린 이 아들이 돌아오매 이를 위하여 살진 송아지를 잡으셨나이다(눅 15:29-30).

누가복음 15장에서 큰아들은 자기 동생을 동생으로 부르지 않고 '아버지의 살림을 창녀들과 함께 삼켜 버린 이 아들'이라고 말했습니다. 그리고 동생의 죄를 '창녀들과 함께 삼킨'이라는 말로 과장했습니다. 그러면서 아버지의 공정하지 못함을 지적했습니다. 큰아들의 말에는 비교의식, 자기 연민, 자기 의, 정죄, 원망, 억울함 등 하나님이 싫어하시는 악한 것들이 모두 드러나 있습니다.

동생은 면목없지만 아버지의 용서를 바라고 돌아왔습니다. 아버지는 잃어버렸다고 생각한 아들을 다시 찾아서 기뻤고, 그래서 그 아들을 용서했습니다. 아름다운 해피 엔딩입니다. 그러나 큰아들은 화를 냈습니다. 가족인데도 함께 기뻐하지 못했고, 따라서 행복하지 못했습니다.

자신의 분노가 정당하다는 요나에게 하나님은 이렇게 말씀하셨습니다.

네가 수고도 아니하였고 재배도 아니하였고 하룻밤에 났다가 하룻밤에 말라 버린 이 박 넝쿨을 아꼈거든 하물며 이 큰 성읍 니느웨에는 좌우를 분변하지 못하는 자가 십이만여 명이요 가축도 많이 있나니 내가 어찌 아끼지 아니하겠느냐(4:10-11).

하나님은 박 넝쿨을 통해 요나에게 실물 교육을 시키셨습니다. 여기 '박 넝쿨'은 비유입니다. 하나님은 요나의 박 넝쿨에 대한 연민과 하나님의 니느웨에 대한 연민을 비교하여 말씀하셨습니다. 잠깐의 박 넝쿨과 영원한 생명, 수고도 들이지 않은 박 넝쿨과 정성 들인 백성들, 한 포기의 박 넝쿨과 12만이 넘는 사람들 등입니다.

잠시 그늘을 제공한 박 넝쿨이 요나에게 그토록 중요

하고 소중한 존재였다면, 12만이 넘는 사람들과 많은 동식물이 살아가는 니느웨성을 향한 창조주 하나님의 마음이 어떠할지를 생각해 봤어야 합니다. 그러나 요나는 자기 생각에 갇혀 하나님의 마음을 헤아리지 못했습니다.

하나님은 요나가 니느웨를 향한 하나님의 마음, 떠나 버린 탕자에 대한 아버지의 마음을 박 넝쿨 사건을 통해 깨닫기를 바라셨습니다.

한 사람을 향한 하나님의 은혜

요나도, 이스라엘도 하나님의 은혜로 구원받고 부르심으로 사명을 받았습니다. 은혜로 구원받은 요나가 다른 사람들, 즉 니느웨 사람들이 은혜로 용서받고 구원받은 것에 대해 불평했습니다. 이는 은혜 받은 자가 취할 태도가 아닙니다. '나는 은혜 받을 자격이 있고, 니느웨 사람들은 은혜 받을 자격이 없다'는 요나의 논리는 적어도 하나님의 뜻이 아닙니다. 이는 하나님의 은혜에 대한 심각한 오해입니다.

은혜의 특징은 불공평, 무자격, 과분함입니다. 만약 은혜가 공평하게 자격이 되는 사람들에게만 합당하게 주어진다면 우리 중에서, 아니 인류 역사 전체에서 하나님의 은혜, 예수 그리스도의 십자가 구원의 은혜를 받기에 합당한 이는 한 사람도 없을 것입니다.

니느웨는 악한 성이었습니다. 상대적으로 의롭게 살아가는 요나의 기준에서는 결코 용서받고 구원받을 수 없어 보였는지 모릅니다. 그렇기에 니느웨의 구원은 하나님의 사랑과 은혜를 가장 잘 보여 줍니다. 자격 없는 자에게 은혜가 필요한 것입니다.

하나님의 은혜와 사랑은 우리가 '연약할 때에', 더 내려가 우리가 '죄인 되었을 때에', 더 더 내려가 우리가 '원수 되었을 때에' 그리스도의 십자가를 통하여 우리에게 주어졌습니다(롬 5:6, 8, 10). 예수님도 이렇게 말씀하셨습니다.

건강한 자에게는 의사가 쓸데없고 병든 자에게라야 쓸데 있나니 내가 의인을 부르러 온 것이 아니요 죄인을 불러 회개시키러 왔노라(눅 5:31-32).

예수님 당시 바리새인과 서기관들은 자신들을 의인이라 여기며 하나님의 은혜에 합당한 자격을 갖췄다고 믿었습니다. 그래서 타인들과 자신들을 비교하며 교만했고, 다른 이들을 함부로 정죄했습니다. 자신들의 기준으로는 구원받아서는 안 되는 죄인들의 친구가 되어 주시고, 더 나아가 죄인들을 인정하시고 그들의 죄를 용서해 주신 예수님을, 그들은 십자가에서 죽이기까지 미워했습니다.

혹여나 우리 안에 이러한 자기 의, 정죄하는 마음이 있다면 회개하고 돌이켜야 합니다. 하나님은 누구에게나 차별 없이, 회개하는 모든 이에게 사랑과 긍휼의 하나님이심을 기억해야 합니다.

이것이 사람의 길과 하나님의 길, 사람의 생각과 하나님의 생각의 차이입니다. 하나님은 나의 수호신도, 우리 가족만의 가신도, 우리 민족의 민족신도 아니십니다. 우리 교회에만 복 주시는 분도 아닙니다. 하나님의 마음은 어느 한 사람도 멸망하지 않고, 모든 사람이 구원을 얻는 것입니다(벧후 3:9). 이처럼 하나님의 은혜와 구원은 이스라엘을 넘어서, 오늘날 교회의 울타리를 넘어서 온 인류를 향해 열려 있습니다.

그러므로 요나서는 위대한 복음입니다. 누가복음 15장 두 아들 비유처럼, 요나서도 미종결로 끝납니다. 저는 큰

아들이나 요나도 아버지의 마음, 하나님의 마음을 알고 회개했으리라 믿습니다. 하지만 하나님은 오늘 우리를 위해 미종결로 남겨 놓으셨습니다. 요나서는 요나의 대답이나 그의 깨달음을 기록하지 않고 미종결 상태로 남겨져 있습니다. 하나님의 질문을 끝으로 열린 결말로 마칩니다.

내가 어찌 아끼지 아니하겠느냐(4:11).

이것은 오늘 우리에게도 동일하게 주어진 질문입니다. 우리도 먼저 믿은 신앙인으로, 많이 가진 기득권자로, 먼저 된 선배이자 연장자로, 혹은 부르심 받은 목회자로 요나의 입장에 서서 진실하게 대답해야 합니다. 성경은 하나님의 질문으로 끝나지만, 요나는 이미 대답했습니다. 요나가 바른 대답을 했기에 요나서가 존재하는 것입니다.

요나서는 요나의 경험과 깨달음에 기초한 요나의 고

백록입니다. 성 어거스틴(St. Augustine)의 《참회록》, 레프 톨스토이(Lev Tolstoy)의 《고백록》처럼 하나님의 은혜를 경험한 요나의 간증입니다. 요나 자신의 변화와 영적 성장에 대한 이야기입니다.

성경에 요나서가 있음에 감사합니다. 요나 자신의 불순종과 부족함이 그대로 기록되어 있어 더 은혜가 됩니다. 요나서는 요나가 자신의 잘못을 진술하게 고백하며 겸손히 모든 영광을 하나님께만 돌리는 성경입니다. 요나 자신은 아무것도 한 일이 없다고 말하는 책입니다.

"나는 니느웨를 위해 한 일이 없습니다."

"나는 그들의 구원을 하나님과 함께 기뻐하지 못했습니다."

"나는 속 좁은 인간이었습니다."

"나는 하나님의 마음을 몰랐습니다."

"나는 하나님의 사랑과 은혜에 대해 크게 오해하고 있었습니다."

요나의 잘못과 부족함을 통해 하나님의 긍휼과 보편적 사랑이 더 크게 드러난 것입니다.

하나님은 요나에게 말씀하십니다.

"요나야, 내가 네 마음 잘 안다."

"나는 네가 항상 든든하고 믿음직스러웠단다. 그래서 너를 부른 거야."

"이스라엘 사람이라면 누구라도 니느웨에 대해 그런 분노와 아픔이 있다는 것, 잘 알고 있다."

"그래도 내가 사랑할 만한 사람만 사랑할 수 없고, 긍휼히 여길 자만 긍휼히 여길 수 없다는 것, 너도 잘 알고 있지?"

"나는 그런 저들조차도 포기할 수 없었단다."

"나는 너를 믿었다. 네가 잘할 줄 알았다. 고맙다."

"분명히 기억해. 내가 어떤 경우에도 너를 포기하지 않을 거란 걸."

참고 서적

팀 켈러, 홍종락 역, 《팀 켈러의 방탕한 선지자》, 두란노, 2019.

유진 피터슨, 차성구 역, 《성공주의 목회 신화를 포기하라》, 좋은씨앗, 2002.

목회와신학 편집부, 《요나, 하박국 어떻게 설교할 것인가》, 두란노아카데미, 2009.

자끄 엘륄, 신기호 역, 《요나의 심판과 구원》, 대장간, 2010.